끌리는 _______________________님께 드립니다.

_______________________ 년      월      일

_______________________

# 끌리는 사람은 1%가 다르다

# 끌리는 사람은 1%가 다르다

심리학 박사 이민규 지음

행복한 인간관계를 위한 셀프 리모델링 25

더난출판

# 끌리는 사람은 1%가 다르다

ⓒ 2005, 이민규

**초판 1쇄 발행** 2005년 11월 11일
**200쇄 에디션 인쇄** 2025년 6월 26일
**200쇄 에디션 발행** 2025년 7월 1일

**지은이** 이민규
**펴낸이** 신경렬

**상무** 강용구
**기획편집부** 이다희 신유미
**마케팅** 최성은
**디자인** 신나은
**경영지원** 김정숙 김윤하

**펴낸곳** (주)더난콘텐츠그룹
**출판등록** 2011년 6월 2일 제2011-000158호
**주소** 04043 서울시 마포구 양화로12길 16, 7층(서교동, 더난빌딩)
**전화** (02)325-2525 | **팩스** (02)325-9007
**이메일** editor1@thenanbiz.com | **홈페이지** www.thenanbiz.com

ISBN 978-89-8405-322-9 13320

작은 일이라고 가볍게 보지 말자.
그 작은 일이 얼마나 큰 일로 이어질지는 아무도 모른다.

# 모든 일 뒤에는 관계가 있다

남들이 골머리를 썩는 문제를 척척 해결하는 사람이 있다. 다른 사람에게는 문제도 안 되는 일로 진땀을 빼는 사람도 있다. 어떤 사람은 누굴 만나든 좋은 대접을 받는다. 또 어떤 사람은 어딜 가건 기분 나쁜 사람들을 만난다.

'외모, 능력, 학벌, 뭐가 부족해? 그런데 왜 난 안 돼?'

이런 생각이 든다면 자신이 왜 선택되지 못했는지 생각해봐야 한다. '외모, 능력, 학벌, 뭐가 그리 잘났어? 왜 하필 그 사람이야?' 이런 생각이 들 때 역시 그가 왜 선택되었는지 그 이유를 찾아봐야 한다.

모든 결과에는 반드시 원인이 있다. 실패한 삶이든 성공한 삶이든 모두 그 나름의 이유가 있다. 삶이 만족스럽지 않다면 제일 먼저 사람들과의 관계를 돌아봐야 한다. 다른 사람들에게 자신이 어떤 모습으로 비치는지 확인해봐야 한다.

가벼운 우울증에서 심각한 정신병까지 모든 심리장애에는 '관계'의 문제가 있다. 크고 작은 비즈니스 문제 역시 거의 언제나 그 중심에는 관계의 문제가 있다. 우리 삶의 모든 일 뒤에는 다른 사람들과의 관계가 씨줄과 날줄처럼 얽혀 있다.

아이에게 자기 방을 치우게 하는 일부터 국가 간의 분쟁을 해결하는 일까지 크고 작은 모든 문제는 사람들과의 관계를 포함한다. 따라서 문제를 해결하고 현재 상태를 원하는 상태로 바꾸려면 반드시 다른 사람과의 관계를 먼저 개선해야 한다.

성공하는 사람 뒤에는 반드시 친밀한 관계의 협조자가 있다. 그들에게는 가족, 동료와 선후배 및 고객을 끄는 힘이 있다. 원하는 것을 얻고 싶다면 다른 사람의 협조를 끌어낼 수 있어야 한다. 사람들을 끌 수 있는 남다른 구석이 하나도 없다면, 경쟁이 난무하는 이 세상은 너무나 힘든 곳이 된다.

얼마 전 모 경제연구소에서 한국의 최고경영자 527명에게 'CEO가 되는 과정에서 가장 결정적인 지능이 무엇이었나?'를 조사해 발표한 적이 있다. 조사결과, '대인지능'이라는 답변이 1위로 나타났다. 인간의 행동을 예리하게 분석하고 남을 잘 이해하며 다른 사람들과 쉽게 교류할 수 있는 사람이 리더십을 발휘할 수 있기 때문이다.

대인지능의 차이란 거창한 데 있는 것이 아니다. 사람들을 끄는 사람과 등을 돌리게 하는 사람의 차이는 쉽게 눈에 띄지 않는 작은 차이에서 출발한다. 고객의 기분을 알아차리기 위해 한 번 더 생각하고 팔고 난 다음 고객에게 전화 한 통을 거는지 여부가 탁월한 성과를 내는 세일즈맨과 고전하는 세일즈맨을 갈라놓을 수 있다. 아랫사람의 의견을 몇 분 더 들어주는지 여부가 따르고 싶은 리더와 멀리하고 싶은 관리자의 차이를 만들 수 있다. 오며 가며 인사를 주고받는 자세, 칭찬 빈도와 칭찬방식이 동료관계의 질을 좌우한다. 작은 친절에 대한 감사 정도와 표현방식, 문제가 생겼을 때 얼마나 빨리 잘못을 인정하고 사과하는지에 따라 부부간의 금실이 달라진다. 더 나은 사람이 되기 위해 반드시 거창한 작업이 필요한 것은 아니다. 전화나 인사, 칭찬이나 사과 및 감사 방법이나 횟수에 변화를 주는 것만으로도 우리 자신을 얼마든지 더 나은 사람으로 변화시킬 수 있다.

다른 사람들이 자기를 좋아하게 만들 수 있는 뭔가 특별한 비법을 기대하면서 이 책을 손에 든 사람이 있을지 모르겠다. 하지만 이 책에는 그런 비법이 없다. 다른 사람들과의 관계가 껄끄럽다면 그 자리에 누가 있었는지를 생각해봐야 한다. 그곳에는 항상 자기 자신이 있다. 좋은 관계를 원한다면 다른 사람을 변화시킬 것이 아니라 먼저 자기 자신을 변화시켜야 한다. 변화란 생각뿐 아니라 실천ACT이 따라야 하며 문제를 해결하려면 반드시 다음과 같은 3단계를 거쳐야 한다.

> **문제해결의 3단계 – ACT**
>
> 1. A(Accepting): 문제 상황을 인식하고 자기 문제를 인정한다.
>
> 2. C(Choose): 많은 대안을 창출하고 가장 효과적인 해결책을 선택한다.
>
> 3. T(Taking Action): 선택한 해결책을 활용하고 실천한다.

문제를 해결하기 위해서는 먼저 문제가 있다는 사실을 인식하고 문제의 원인을 자기 내부에서 찾아내야 한다. 그리고 문제와 그 원인을 파악했다면 문제를 해결할 수 있는 대안들을 가능한 한 많이 찾아내 그 중에서 가장 효과적인 해결책을 선택해야 한다. 해결책을 선택했다면 행동으로 실천해야 한다. 만약 그 방법이 효과가 없다면 다시 A·C·T 과정을 거치면서 더 효과적인 방법을 찾아봐야 한다.

변화를 위해서는 시간이 필요하다. 문제를 파악하고 해결책을 찾아내려면 생각할 시간이 필요하다. 효과적인 실천방법을 모색하는 데도 생각할 시간이 필요하다. 각 장의 끝부분에 마련된

'Stop & Think' 난은 독자들이 책 읽기를 잠시 멈추고 생각해볼 수 있는 시간을 갖도록 하기 위해 만들었다.

반드시 연필이나 볼펜을 들고 읽기를 권한다. 책을 읽다 새겨둘 말이 있으면 밑줄을 긋고 별표나 느낌표 등 자기만의 기호로 흔적을 남겨보자. 책의 내용 중 의문점이 발견되면 '?'를 표시하고, 틀렸다고 생각되는 부분이 있으면 사정없이 X표를 긋기 바란다. 문제가 발견되면 신랄하게 비판하고, 더 좋은 대안을 찾게 되면 즉각 책의 여백에 적어두라. 그렇게 할 때 이 책은 진정 여러분의 소유가 될 것이고, 독자 여러분은 이 책의 공동 저자가 될 것이다.

이 책이 독자들의 인간관계와 비즈니스에서 원하는 바를 얻는 데 조금이라도 도움이 되었으면 좋겠다. 그리고 그로 인해 여러분의 삶의 질이 한층 더 높아질 수 있기를 간절히 소망한다.

2005년 가을
이 민 규

# Contents

# 2 끌림을 유지하는 1%의 차이

**관계의 발전**

# 끌리는 사람은 이렇게 관계를 유지한다

### 지속되는 만남

3<br>Staying Relationship



**epilogue**

모든 선택에는
반드시
끌림이 있다

# 1 첫 만남

Starting Relationship

자신을 잘 표현한 문항에 V를 표시하고 체크한 문항 수를 더해 맨 아래 총점란에 기입해보자.

01  만나는 사람 대부분이 내게 첫인상이 좋다고 말해준다 ····················· □

02  호감을 끌 수 있는 외모와 성격을 가졌다 ······························· □

03  언제나 깔끔한 차림새와 상황에 맞는 분위기를 연출하려고 노력한다 □

04  처음 만나는 사람과도 공통분모를 쉽게 찾아낸다 ··················· □

05  한번 친해지면 도움을 요청할 일이 없을 때에도 일상적인 연락을 하고

지낸다 ······················································· □

06  다른 사람의 장점을 잘 찾아내고 효과적으로 칭찬하는 법을 알고 있다

···················································· □

07  밝은 표정에 잘 웃는 편이고 유머감각이 풍부하다 ··············· □

08  상황이나 분위기를 잘 맞추고 눈총 받는 일은 안 한다 ············· □

09  처음 만난 사람과도 금방 친해진다 ···························· □

10  잘생긴 외모는 아니지만 인상이 좋다는 말을 많이 듣는다 ·········· □

총점 : ___________

〈결과 해석〉

8~10점　처음 사람을 만나 관계를 시작하는 데 문제가 없다. 당신은
이 책의 1부를 읽을 필요가 없다. 좋은 사람을 놓치지 않고
관계를 발전시키고 유지하려면 2부와 3부를 읽어보라.

4~7점　첫 만남에서부터 사람을 끌 수 있는 여러 가지 호감 요인을
이미 갖고 있다. 1부를 꼼꼼히 읽고 부족한 점을 찾아 보완
할 수 있는 방법을 연구하라.

0~3점　첫 만남에서 호감을 살 수 있는 사람과는 거리가 멀다. 그
러나 지금부터 변화를 시도해도 늦지 않다. 지금까지의 자
신의 행동과 태도를 점검하고 더 나은 모습을 연구하고 실
천하라.

# 첫인상, 관리하기 나름이다



심리학자 대니얼 카너먼은 한 반의 고등학교 학생들에게 다음과 같은 곱셈 문제를 내주고 5초 안에 그 값을 추정하도록 했다.

A반 : $8 \times 7 \times 6 \times 5 \times 4 \times 3 \times 2 \times 1 = ?$

그리고 다른 반 학생들에게는 곱셈에 포함된 숫자의 순서만을 바꿔 그 값을 추정하게 했다.

B반 : $1 \times 2 \times 3 \times 4 \times 5 \times 6 \times 7 \times 8 = ?$

실제 두 곱셈의 값은 다를까? 아니, 같다. 그렇다면 A반과 B반 학생들의 추정치도 같을까? 아니, 완전히 다르다. A반 학생들의 추정치는 2,250이었다. 그러나 B반 학생들의 추정치는 512에 불과했다.

왜 이렇게 다를까? 처음 나오는 숫자가 무엇이냐에 따라 그 추정치가 달라지기 때문이다. A반의 경우, '8×7 = 56, 56×6 = 336……' 하는 식으로 계산이 시작된다. 반면 B반의 경우는 '1×2 = 2, 2×3 = 6……' 와 같은 식으로 시작된다. 5초 내에 암산을 마칠 수 없기 때문에 초기 값으로 어림짐작하게 된다. 당연히 A반보다 B반의 학생들이 더 적은 값을 추정하게 된다.

사람들이 어떤 값을 추정할 때 초기 값에 근거해서 판단하는 것을 '닻 내리기 효과Anchoring Effect'라고 한다. 닻을 내린 곳에 배가 머물듯이 처음 입력된 정보가 정신적 닻으로 작용해 전체적인 판단에 영향을 미치는 현상은 사람을 평가할 때도 똑같이 관찰된다.

## 첫인상, 웬만해선 바뀌지 않는다

미팅할 때 파트너에 대한 첫인상은 얼마 만에 형성될까? 연구 결과에 따르면 첫인상 형성에 소요된 시간은 10초도 채 안 되는 4초 정도에 불과하다. 그렇다면 첫인상은 무엇을 근거로 형성될까?

첫눈에 들어오는 생김새나 복장, 표정이나 말투 등 극히 제한된 정보로 형성된다. 그럼에도 한 번 형성된 첫인상은 여간해서 바꾸기가 힘들다.

첫인상은 왜 쉽게 바뀌지 않을까? 정보처리 과정에서 초기 정보가 후기 정보보다 훨씬 더 중요하게 작용하기 때문이며 이를 '초두 효과Primacy Effect'라고 한다. 심리학자 애시는 간단한 실험을 통해 초두 효과가 매우 보편적인 현상임을 밝혀냈다.

그는 두 집단의 사람들에게 어떤 인물에 대한 성격을 여섯 가지 특성으로 설명해주었다. 두 집단 모두 같은 내용을 들었지만 그 순서는 다음과 같이 완전히 달랐다.

집단1 : 똑똑하다 → 근면하다 → 즉흥적이다 → 비판적이다 →
　　　　고집이 세다 → 시기심이 많다

집단2 : 시기심이 많다 → 고집이 세다 → 비판적이다 →
　　　　즉흥적이다 → 근면하다 → 똑똑하다

그 후 실험 참가자들에게 조금 전에 들었던 사람에 대한 인상을 평가하게 했다. 성격 특성 중 어떤 내용을 먼저 들었는지에 따라 사람들은 완전히 다른 인상을 형성했다. 긍정적인 내용을 먼저 들었던 첫 번째 집단의 사람들은 부정적 내용을 먼저 들었던 두 번째 집단의 사람들에 비해 소개받은 인물을 훨씬 더 긍정적으로 평가했다.

첫인상이 좋은 여자가 애교를 떨면 귀엽게 느껴진다. 하지만 첫인상이 나쁜 여자가 애교를 떨면 푼수처럼 느껴진다. 똑같은 정보도 첫인상에 따라 완전히 다르게 해석되기 때문이다. '머리가 좋다'는 정보 역시 그 사람의 첫인상에 따라 완전히 다른 의미로 해석된다.

첫인상이 좋은 사람이 머리가 좋다는 말을 들으면 우리는 그 사람을 현명하고 지혜로운 사람으로 판단한다. 하지만 첫인상이 나쁜 사람이 머리가 좋다는 것을 알게 되면 그 사람을 교활한 사람이라고 평가한다.

왜 그럴까? 처음에 들어온 정보가 나중에 들어오는 정보에 대한 해석 지침을 제공하기 때문이다. 이처럼 처음 제시된 정보가 나중에 들어오는 정보의 처리 지침이 되고 전반적인 맥락을 제공하는 것을 첫인상의 '맥락 효과Context Effect'라고 한다.

한 번 형성된 첫인상은 웬만해선 바뀌지 않는다. 따라서 누군가를 처음 만나 자신을 보여줄 때는 첫인상의 위력을 명심해야 한다.

## 열 번 잘하다가도 한 번만 잘못하면……

어떤 사람에 대한 첫인상이 매우 좋았다. 그런데 그 사람이 가

끔 사기를 친다는 얘기를 들었다. 그에 대한 인상은 여전히 좋게 유지될까? 아니다. 사기를 친다는 한마디의 말은 그에 대한 긍정적인 인상을 단번에 나쁜 인상으로 바꿔버린다.

어떤 사람에 대한 첫인상이 매우 나빴다. 그런데 그 사람에 대한 긍정적인 말, 예컨대, 그가 근면하다는 말을 들었다. 그에 대한 인상은 좋게 바뀔까? 그렇지 않다. 근면하다는 긍정저인 정보는 그 사람의 나쁜 인상을 바꾸는 데 아무런 도움이 되지 않는다.

좋았던 첫인상은 부정적인 정보를 접하면 쉽게 나쁜 쪽으로 바뀔 수 있다. 그러나 한 번 나쁘게 박힌 첫인상은 웬만한 긍정적 정보로는 좋은 쪽으로 바뀌지가 않는다. 결론적으로 말하면, 인상형성 과정에서 부정적인 정보는 긍정적인 정보보다 훨씬 더 중요하다. 이처럼 부정적인 정보가 긍정적인 정보보다 인상 형성에 더 강력하게 작용하는 것을 '부정성 효과Negativity Effect'라고 한다.

왜 부정적인 정보가 인상 형성에 더 중요한 역할을 하게 될까? 여기에는 두 가지 이유가 있다.

첫째, 인간은 원래 긍정적인 정보보다 부정적인 정보에 민감한 존재로 진화되었다. 자신에게 해가 되는 단서들을 민감하게 포착해야 생존 가능성이 높아지기 때문이다.

둘째, 사람들은 대개 단점을 감추는 대신 장점만을 드러내려는 경향이 있기 때문에 부정적인 정보가 드러나면 그만큼 더 주목을 받게 된다. 그래서 열 번 잘하다가도 한 번만 잘못하면 쉽게 나쁜 쪽으로 인상이 바뀐다.

## 좋은 인상을 유지하려면 나쁜 행동에 유의하라

잘나가던 리처드 닉슨은 워터게이트 사건 하나로 대통령직을 사임했다. 경제 발전으로 국민들의 찬사를 한 몸에 받았던 일본의 다나카 총리는 록히드 뇌물 사건으로 피눈물을 삼켰다. 청렴결백한 이미지로 당선이 거의 확실시되었던 우리나라 대통령 후보 한 사람은 아들의 병역비리 문제가 이슈화되면서 낙선의 고배를 마셨다.

국민들이 컴퓨터처럼 부정적 정보와 긍정적 정보를 같은 비중으로 처리했다면 이렇게 판단했을 것이다. "○○○ 후보, 이번 문제로 당신은 2점을 감점당했습니다. 하지만 여전히 +85점을 유지하고 있어 다른 후보보다 높은 점수를 받고 있습니다." 유감스럽게도 인간은 그렇게 합리적인 동물이 아니다. 조금이라도 나쁜 점이 발견되면 가차 없이 부정적으로 돌아선다.

부정적인 정보가 더 중요하다는 사실은 우리에게 이런 교훈을 준다. '상대방에게 좋은 인상을 심어주고 싶다면 특히 나쁜 행동에 유의하라'.

**좋은 인상을 유지하려면**

1. 첫인상은 사진처럼 한 번 박히면 바꾸기가 매우 어렵다는 사실을 명심한다.

2. 좋은 행동을 하기보다 나쁜 행동을 하지 않으려 애쓴다.

3. 한 번 나쁜 인상을 주었다면 몇 배의 좋은 행동을 보여준다.

상대방에게 당신의 참모습을 보여줄 수 있는 기회가 나중에 오다 하더라도 조금이라도 부정적인 첫인상은 반드시 개선해야 한다. 다른 사람들에게 참모습을 제대로 보여주기도 전에 싫은 사람으로 걸러지면 안 되기 때문이다.

$W$hy  왜 좋은 인상보다 나쁜 인상을 바꾸기가 더 어려운가?

----------------------------------------------

$W$hat  첫인상이 긍정적일 때 우리가 얻을 수 있는 것은 무엇인가?

----------------------------------------------

$H$ow  다른 사람에게 나쁜 인상을 심어줬던 일이 있는가? 어떻게 해야 긍
정적인 인상으로 바꿀 수 있을까?

----------------------------------------------

# 인상형성의 3가지 법칙

어떤 사람에 대한 인상은 다양한 정보들에 의해 형성되고 변화된다. 인상 형성 과정을 설명하는 심리학적 법칙은 3가지가 있다.

**1 가산 법칙Additive Model** 상대에 대한 정보들이 단순히 합산되어 전체적인 인상이 형성된다는 원리. 예컨대, 첫 대면에서 정직하다는 인상을 받았고(+7) 다소 신중하다(+3)는 평가를 내리면 전체적으로 처음보다 더 긍정적인 인상으로 변화된다.

$$정직함(+7) + 신중함(+3) = 7 + 3 = 10점(⇧)$$

**2 평균 법칙Averaging Model** 상대에 대한 정보들의 단순합산이 아니라 평균치에 의해 인상이 형성된다는 원리. 예컨대, 처음엔 유머감각이 있다는 인상을 받았으나(+7) 정직성에서 낮은 점수를 받으면(+3) 전체적인 인상은 +10으로 더 좋아지는 것이 아니라 그것을 2로 나눈 평균치(+5)가 되어 오히려 첫인상보다 나빠진다.

$$\frac{유머감각(+7) + 정직함(+3)}{2} = 10 \div 2 = 5점(⇩)$$

**3 기중 평균 법칙Weighted Average Model** 정보들의 단순 합산치나 평균치가 아니라 특정 정보가 인상 형성에 비중을 크게 차지한다는 원리. 예컨대, 탤런트를 선발할 때와 연구원을 선발할 때는 '신체적 매력'과 '지적인 능력'이 서로 다른 가중치를 갖기 때문에 인상 형성에 영향을 미치는 정도가 달라진다.

# 좋아하면 판단할
# 필요가 없다



알고 있는 사람 중 가장 좋아하는 사람 한 명과 가장 싫어하는 사람 한 명을 떠올려보라. 두 사람이 같은 물건을 판다면 여러분은 누구 것을 사겠는가? 동일한 조건의 사업계획을 제안한다면 누구와 동업을 하겠는가? 같은 내용의 조언을 한다면 누구의 말을 듣겠는가? 비슷한 내용의 공약을 내건 후보라면 누구를 선택하겠는가?

## 인간은 이성적인 존재인가?

　신입사원 선발은 몇 가지 객관적 평가 기준을 갖춘 시험이나 서류심사와 면접을 통해 이루어진다. 인사권자들은 이런 지원자를 선발할 것이다. '경험이 풍부하다' '적극적이고 낙관적이다' '유머감각이 풍부하다' '성실하고 창의적이다' 얼핏 보기에 매우 이성적인 선택처럼 보인다. 객관적인 평가 점수를 근거로 하는 만큼 감정이 개입된 흔적을 찾아보기가 힘들다. 그런데 정말 그럴까?

　기업의 인사권자는 왜 경험과 유머감각이 풍부하며 성실하고 창의적인 지원자를 선택할까? 그 이유를 따져들어가 보면 결론은 모두 하나로 수렴된다. 그런 사람이 '좋기' 때문이다. 사람들은 자기가 좋아하는 사람을 선택한다.

　이성적인 판단은 생각처럼 그리 주도적인 기능을 하지 못한다. 우리의 선택은 이성이 아니라 감정에 의해 좌우된다. 엄밀하게 말하면 객관적인 정보들은 감정적인 선택을 정당화시켜주는 보조 자료에 불과하다.

　2002년 노벨 경제학상을 받은 사람은 대니얼 카너먼이라는 심리학자다. 심리학자가 어떻게 노벨 경제학상을 받았을까? 카너먼은 인간의 행동이 이성에 지배를 받기보다는 감정에 의해 더 많은 영향을 받는다고 가정했다. 그래서 인간을 합리적인 존재로 보는 기존의 고전 경제학 이론에 정면으로 도전했다. 불확실한 조건에서의 판단과 의사결정에 대한 실험 연구를 통해 인간은 합리적으로 결정하는 존재가 아니라 감정에 쉽게 흔들리며 주먹구구식으로 판단을 한다는 결론을 도출해 노벨 경제학상을 수상했다.

인간은 이성적인 존재이기를 희망하지만 결코 이성적인 존재가 아니다.

## 모든 선택은 감정이 결정한다

영어 단어 'affect'가 명사로 사용되면 '감정'을 의미한다. 하지만 동사로 사용되면 '~에 영향을 미치다'는 의미를 갖는다. 정서를 의미하는 영어 단어 'emotion'은 라틴어 'emovere'에 어원을 두고 있으며, 이 단어는 '움직이다'는 의미의 'movere'와 '밖으로'를 나타내는 접두사 'e'가 붙어 '외부로 행동을 표출하게 한다'는 의미를 내포하고 있다. 이는 행동을 결정하는 것은 감정이며, 모든 선택은 이성이 아니라 감정에 의해서 더 많이 좌우된다는 것을 의미한다.

흡연이 얼마나 해로운지를 판단하는 것은 이성이다. 하지만 담배를 피우게 만드는 것은 감정이다. 흡연자들은 몸에 해롭다는 것을 알면서도 담배를 피운다. 이처럼 행동을 결정하는 것은 언제나 이성이 아니라 감정이다. 소식과 규칙적인 운동이 몸에 좋다는 것을 알지만 많은 사람들이 그것을 실천으로 옮기지 못한다. 맛있는 것을 먹으며 편히 쉬는 것이 더 기분 좋기 때문이다.

사람들은 자신이 선택한 행동에 대해 매우 그럴듯하게 이성적인 근거를 제시한다. 하지만 그 이성적인 근거들은 단지 우리의 행동을 결정한 감정을 정당화하는 보조 수단에 불과하다. 예컨대, 흡연자들은 담배를 끊어야 하는 이유와 피울 수밖에 없는 이유 모두를 알고 있다. 하지만 그들은 '폐암의 원인이 된다'는 금연 이유를 선택하기보다는 '스트레스가 해소된다'는 흡연 이유를 선택한다. 그것이 기분을 좋게 해주는 흡연 행동을 지지하기 때문이다.

직원들의 성과를 높이고 싶은가? 고객을 설득하고 싶은가? 자녀들을 변화시키고 싶은가? 그렇다면 모든 선택은 감정이 좌우한다는 사실을 먼저 인정해야 한다. 그리고 때때로 이렇게 자문해야 한다.

"나는 그들의 감정에 어떤 영향을 주는 사람인가?"

누군가를 변화시키기 위해 우리가 제공하는 객관적인 정보와 이성적 판단은 생각처럼 중요하지 않다. 사람들은 제한된 범위 내에서만 이성적이고, 모든 정보는 각자의 감정에 따라 주관적으로 해석되기 때문이다.

## 좋아하면 판단할 필요가 없다

> "나는 약간의 반란은 좋은 것이며
>
> 자연계에서의 폭풍처럼
>
> 정치계에서도 필요하다는 것을 인정한다."

심리학자 로지는 두 집단의 대학생들에게 위와 같은 말을 들려주고 이에 대한 찬반 의견을 물었다. 한 집단에게는 이 말이 미국의 제3대 대통령인 토머스 제퍼슨이 한 말이라고 알려주었다. 그리고 다른 집단에게는 러시아 공산주의 혁명가인 레닌의 말이라고 설명했다. 똑같은 내용을 들었지만 두 집단의 반응은 완전히 달랐다.

첫 번째 집단의 학생들은 거의 모두 이 말에 찬성했다. 그러나 두 번째 집단의 학생들은 거의 모두 반대했다. 왜 이런 결과가 나왔을까? 똑같은 말이라도 말하는 사람에 따라 다르게 평가되기 때문이다. 토머스 제퍼슨에 대한 긍정적 감정은 그가 한 말을 긍정적으로 평가하게 했다. 반면 레닌에 대한 부정적 감정은 그 메시지까지 부정적으로 평가하게 만들었다.

"스님이 싫으면 그가 입고 있는 가사도 밉다"는 속담처럼 어떤 사람이 싫으면 그와 관련된 모든 것이 싫어진다. 반대로, 어떤 사람을 좋아하면 그 사람이 하는 일은 모두 그럴듯하게 느껴진다. 심리학에서는 이처럼 어떤 대상에 대한 감정이 그와 관련된 다른 것에까지 옮겨가는 현상을 '감정 전이Transfer of Affect'라고 한다.

다른 사람의 의견에 반대할 때 이런저런 합리적 근거를 끌어대는 경우가 많다. 하지만 그런 근거들은 대부분 자신의 감정을 정당화하는 것에 불과하다. 의식하든 못하든 그 이면에는 이런 의미가 깔려 있다. '나는 당신이 싫다. 고로 당신의 말에 반대한다' 모든 선택은 감정이 좌우한다. 논리적이고 이성적인 근거는 감정을 정당화하는 것에 불과하다.

사람들은 누구나 끌리는 사람을 선택하고, 끌리지 않는 사람은 내친다. 모든 선택 뒤에는 반드시 끌림이 있다. 선택에 미치는 끌림의 영향력을 제대로 파악하는 사람은 어떤 상황에서든 더 유리한 입장에 선다.

상대방이 당신의 의견을 받아들이고 그것을 따를 기분을 느끼지 못한다면 아무리 옳은 말로도 그를 설득할 수 없다. 자녀, 배우자, 상사나 부하 또는 고객이나 투자자 등 상대방을 설득할 때 그들의 호감을 끌어내는 것만큼 중요한 것은 없다. 누군가를 변화시키고 싶다면 논리에 앞서 감성을 터치하라. 좋아하면 판단할 필요가 없기 때문이다.

$W$hy   왜 똑같은 말도 끌리는 사람이 할 때는 고개가 끄덕여지지만 싫은 사
람이 하면 귀에 거슬릴까?

---

$W$hat   사람들을 변화시키고 설득하기를 원한다면 모든 선택은 감정이 좌
우한다는 사실을 먼저 인정해야 한다. 나는 가족이나 동료, 상사 및
부하, 고객과 거래처 사람들의 감정에 어떤 영향을 주는 사람인가?

---

$H$ow   인간관계에서든 비즈니스에서든 '좋아하면 판단하지 않는다'는 사
실을 받아들일 수 있는가? 그렇다면 지금부터 내가 바꿔야 할 생각과
행동은 무엇인가?

---

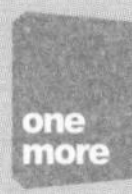
# 아리스토텔레스의 설득 3요소

아리스토텔레스는 일찍이 누군가를 설득할 때는 이토스Ethos, 파토스Pathos, 로고스Logos라는 세 가지 요소가 필요하다고 주장했다.

**이토스** 명성, 신뢰감, 호감 등 메시지를 전달하는 사람에 대한 인격적인 측면으로, 설득 과정에 60퍼센트 정도 영향을 미친다.

**파토스** 공감, 경청 등으로 친밀감을 형성하거나 유머, 공포나 연민 등 감정을 자극해 마음을 움직이는 감정적 측면으로, 설득에 30퍼센트 정도 영향을 미친다.

**로고스** 논리적인 근거나 실증적인 자료 등으로 상대방의 결정을 정당화시킬 수 있는 근거를 제공하는 논리적 측면으로, 설득에 10퍼센트 정도 영향을 미친다.

성공적인 설득은 다음과 같은 순환과정을 거친다. 호감을 사고 긍정적인 평가를 받는다(이토스). 그 다음에는 상대방의 감정에 호소한다(파토스). 그리고 행동 변화의 필요성에 대한 논리적 근거를 제공한다(로고스). 그런 다음 상대방이 마음을 바꾸지 않도록 다시 이토스를 사용한다.

# 신은 마음을, 사람은 겉모습을 먼저 본다



"옷에 좀 신경을 써야 하지 않겠니?" "편한 게 좋잖아. 대충 입고 사는 거지 뭐." 이처럼 옷차림에 신경을 쓰지 않는 사람들이 많다. 내면이 중요하지 외양은 그리 중요하지 않다고 생각하기 때문이다. 그런데 정말 그럴까?

생김새뿐 아니라 그 사람의 복장 역시 인간관계와 비즈니스에 많은 영향을 미친다. 얼마 전 한 인터넷 취업 사이트에서 채용 계획을 갖고 있는 기업의 인사담당자 243명을 대상으로 설문조사한 결과, "입사 면접에서 지원자의 외모나 옷차림이 당락에 영향을 준다."는 답변이 무려 66.7퍼센트에 달했다. 옷차림이 면접에 임하는 자세와 매너뿐 아니라 그 사람의 태도를 반영하기 때문이다.

'옷이 날개'라는 말이 있다. 못난 사람도 옷을 잘 입으면 인물이 훨씬 돋보인다는 말이다. 또 '입은 거지는 얻어먹어도 벗은 거지는 못 얻어먹는다'는 말도 있다. 사람은 자고로 옷차림을 깨끗이 하고 다녀야 대접을 받는다는 말이다.

## 당신이 받는 대접, 차려입기 나름

영화 〈귀여운 여인〉에서 주인공 줄리아 로버츠는 허름한 옷을 입고 고급 옷가게에 갔다가 종업원에게 무시를 당한다. 하지만 며칠 뒤 고급 옷을 입고 다시 가자 종업원의 태도는 180도 달라진다. 겉치레는 별로 중요하지 않다고 말하지만 실제로 우리는 겉모습을 통해 다른 사람을 판단한다. 교육 수준, 가정환경, 신분, 심지어는 성격까지도 그 사람의 옷을 통해 판단하는 경우가 많다. 사실 여부는 나중의 문제다.

사람들은 누군가를 만나면 2~3분 이내에 그 사람에 대한 첫인상을 형성한다. 그때 사람들이 가장 중요하게 취급하는 정보는 그 사람의 외모나 복장과 같은 겉모습이다. 말도 안 되는 소리처럼 들릴지 모르지만 사람들이 입고 있는 복장은 그 사람의 정직성을 판단하는 데까지 영향을 미친다.

실제로 옷을 어떻게 입느냐에 따라 그 사람의 정직성에 대한 평가가 달라진다는 연구가 있다. 심리학자 빅맨은 공중전화 동전 반환구에 미리 동전을 놓아두었다. 실험자는 약간 떨어져서 전화 부스를 관찰하고 있다가 사람들이 통화를 끝내고 그 동전을 자기 주머니에 집어넣으면 그에게 다가갔다. 그리고 이렇게 질문했다.

"제 동전이 거기 있었을 텐데 혹시 보지 못했습니까?"

이때 남자 실험 보조자들은 넥타이를 맨 정장 차림이거나 도시락 가방을 든 허름한 작업복 차림이었다. 여자 실험 보조자들은 산뜻한 정장 코트 차림이거나 허름한 블라우스와 스커트 차림이었다. 200명을 관찰한 결과, 정장 차림인 실험 보조자에게 동전을 돌려주는 경우가 허름한 차림에 비해 두 배나 더 많았다.

복장을 바꾸면 평가가 달라지는 중요한 이유가 있다. 복장을 바꾸면 우리의 태도와 행동도 그에 걸맞게 달라지기 때문이다. 평소에는 점잖던 사람도 예비군복을 입으면 행동거지가 달라진다. 깔끔한 셔츠에 넥타이를 매고 단정하게 정장을 차려입었을 때와 수염도 깎지 않고 헝클어진 머리와 반바지 차림에 슬리퍼를 끌고 다닐 때는 자세뿐 아니라 사용하는 어휘와 말투도 달라진다. 우리의 차림새는 우리를 바라보는 사람의 평가뿐 아니라 우리 자신의 태도까지도 바꾼다.

## 누군가를 설득하려면 옷차림에도 신경을 써라

"지갑을 안 가져와서 그러는데 버스비를 좀 부탁할 수 있을까요?" 여러분도 이런 사람을 한 번쯤은 마주친 적이 있을 것이다. 잘 차려입은 사람과 남루한 차림을 한 사람이 이런 부탁을 했다면 여러분은 누구에게 돈을 주겠는가?

잘 차려입은 사람에게 더 쉽게 설득당한다는 사실에는 의심의 여지가 없다. 미국 텍사스 주에서 이루어졌던 한 실험은 옷만 제대로 갖춰 입으면 다른 사람들로 하여금 무단횡단을 하도록 부추기는 것이 생각보다 훨씬 쉽다는 사실을 보여주었다. 블레이크 등 몇

명의 심리학자들은 정장 차림과 허름한 작업복 차림의 남자 실험
보조자에게 신호등을 무시하고 횡단보도를 건너게 했다. 조사 결
과는 놀라웠다. 허름한 옷차림을 한 사람이 무단횡단을 했을 때는
불과 4퍼센트만이 그를 따랐다. 하지만 정장 차림의 실험 보조자
가 교통신호를 위반하고 건너가자 허름한 옷차림에 비해 무려 4배
나 많은 사람들이 그를 따라 무단횡단을 했다.

복장에 대한 사람들의 반응은 거의 무조건 반사에 가깝다. 그래
서 교도소는 언제나 의사의 가운, 경찰복이나 군복 등 옷으로 자신
의 신분을 위장한 사기범들로 북적인다.

심리학자 빅맨은 권위적인 복장만으로 사람들을 순한 양처럼
만드는 것이 얼마나 쉬운지를 실험으로 증명했다. 그가 사용한 실
험 절차는 매우 단순했다. 젊은 실험 보조자가 길을 가는 행인들에
게 쓰레기를 주우라고 하거나 건너편에 잠깐 서 있으라고 하는 등
다소 황당한 지시를 했다.

한 조건에서는 평상복을 입었고 다른 조건에서는 경찰복을 입
었다. 평상복을 입고 지시를 하면, 사람들은 지시를 따르기는커녕
오히려 이상한 사람 취급을 했다. 하지만 경찰복을 입고 지시하면
의외로 많은 사람들이 그 지시를 순순히 따랐다. 이처럼 권위를 상
징하는 복장에 따라 사람들의 태도나 행동이 달라지는 것을 심리
학에서는 ‘권위의 효과Authority Effect’ 라고 한다.

## 사람들을 신으로 착각하지 마라

헤어스타일 역시 생김새나 복장 못지않게 그 사람의 인상에 중요한 영향을 미치는 것으로 밝혀졌다. 예일대학교 심리학 교수인 마리앤 라프랑스 박사는 〈첫인상과 헤어스타일〉이라는 논문에서 사람들의 헤어스타일에 관한 선입견을 발표했다. 예를 들어 짧고 단정한 머리의 여성은 자신감이 있고 활동적인 인상을 주며, 금발의 긴 머리는 부유하고 섹시해 보이는 것으로 나타났다.

남성들의 경우, 중간 길이의 옆 가르마는 지적이고 부유해 보이며, 말총머리의 긴 머리는 힘은 세지만 머리는 비어 있다는 선입견을 준다. 이 논문의 결론은 헤어스타일의 변화만으로도 첫인상을 완전히 바꿀 수 있다는 것이다.

옷이란 아무렇게나 편한 대로 입는 것이 좋다고 생각하는 사람이 많다. 편한 것만 좇으며 삶을 대충 끝낼 생각이라면 괜찮다. 멋대로 하고 다녀도 불리할 게 없는 사람이라면 상관없다. 하지만 그것이 아니라면 겉모습에도 신경을 써야 한다.

날마다 같은 스타일의 옷만 입고 다니면서 주변 사람들에게 매력적으로 보이기는 힘들다. 직장 분위기나 상사의 취향과 완전히 딴판인 복장으로 출근하며, 상대방의 나이나 지위를 고려하지 않은 차림새로 거래처 손님을 만나고, 요란한 액세서리를 착용하고 장례식장에 가는 사람은 원하는 것을 얻을 수 없다. 다른 사람의 마음을 끄는 사람은 때와 장소에 어울리는 옷차림을 할 줄 안다.

복장이나 헤어스타일로 사람을 판단한다고 대놓고 말하는 사람은 없다. 하지만 누구나 어떤 사람을 평가할 때는 그 사람의 겉모습을 먼저 살핀다. 따라서 복장에도 신경을 써야 한다. 겉모습 때문에 내면을 보여줄 수 있는 기회를 놓친다면 그건 너무나 아쉬운 일이다. 문밖에 발을 내딛는 순간부터 우리의 옷차림은 다른 사람에게 엄청난 양의 정보를 제공한다.

**차림새의 기본, TPO를 고려하라!**

1. Time(시간) : 시간대나 시기를 고려하라.

2. Place(장소) : 장소와 만나는 상대를 고려하라.

3. Occasion(상황) : 상황과 자신의 역할을 고려하라.

어떤 사람을 외양만으로 판단한다면 그건 별로 성숙한 태도가 아니다. 하지만 그런 미숙한 사람들로 가득 차 있는 곳이 세상이다. 내면만 중요하고 겉모습은 중요하지 않다고 생각하는 사람은 이 말을 새겨들어야 한다. "신은 너의 내면을 보지만, 사람들은 너의 겉모습을 먼저 본다." 사람들을 신으로 착각하지 말자. 내면도 중요하지만 외모도 중요하다. 외모는 내면의 또 다른 표현이기 때문이다.

$W$hy  인간관계에서 겉모습이 중요한 이유는 무엇인가? 사람들에게 나의

겉모습은 어떤 메시지를 전달하는가?

-----------------------------------------------------------

$W$hat  신뢰감이 가고 호감을 주는 사람과 그렇지 못한 사람의 옷차림과 헤

어스타일의 특징을 비교해보면, 무엇이 다른가?

-----------------------------------------------------------

$H$ow  헤어스타일, 의복, 신발 등 나의 겉모습을 어떤 식으로 바꿔야 하는

가?

-----------------------------------------------------------

# 이번에는 모두들 그를 믿었다

　　나는 어린왕자가 살던 별이 소행성 B612호라고 믿을 만한 상당한 근거를 가지고 있다. 그 행성은 딱 한 번, 1909년 터키 천문학자에 의해 망원경에 잡힌 적이 있었다. 당시 그는 국제 천문학회에서 자신의 발견을 훌륭히 증명해 보였다. 그러나 그가 입은 옷 때문에 아무도 그의 말을 믿지 않았다. 어른들이란 모두 이런 식이다.

　　터키의 한 독재자가 국민들에게 서양식 옷을 입지 않으면 사형에 처한다고 강요한 것은 소행성 B612호의 명성을 위해서는 다행스러운 일이었다. 그 천문학자는 1920년에 매우 멋있는 옷을 입고 다시 증명을 했다. 그러자 이번에는 모두들 그의 말을 믿었다.

　　—생텍쥐페리의 《어린왕자》 중에서

# 초록은 동색,
# 가재는 게편

> 우리는 우리와 닮은 사람을 좋아한다.
> —D. 바인

강연을 위해 광주로 가는 기차 안에서였다. 50대 후반쯤으로 보이는 내 앞자리의 두 남자가 서로 말을 주고받기 시작했다.

"어디까지 가시죠? 저는 광주까지 가는데요."
"저도 광주까지 갑니다. 댁이 광주세요?"
"지금은 아니지만 전에 서석동에 살았습니다."
"그래요? 저는 서석고등학교를 나왔는데, 반갑습니다."

그들은 서로 맥주와 안주를 사겠다고 다툴 정도로 금세 친해졌다. 만약 대화가 이런 식으로 전개되었다면 상황이 완전히 달라졌을 것이다. "저는 광주까지 가는데 어디까지 가시죠?" "저는 이리까지 가는데요." "전에 이리에서 직장을 다녔는데 혹시 이리에서 사세요?" "아닙니다. 처음 가는 길입니다."

## 비슷하면 좋아진다

유유상종과 비슷한 말로 동기상구同氣相求라는 말이 있다. 기풍과 뜻을 같이하는 사람은 서로 동류를 찾아 모인다는 말이다. 서로 친하게 지내는 사람들은 대개 취향, 생활환경, 버릇, 습관뿐 아니라 출신 학교나 지역, 종교적 신념 등이 비슷한 경우가 많다. 동류의식이 사람들을 좋아하게 만드는 중요한 요인이기 때문이다.

낯선 사람이라도 동향, 동창, 동족들끼리는 쉽게 친해진다. 또 인터넷 팬 카페나 동호회 회원들은 처음 만나도 십년지기처럼 금방 친해진다. 이처럼 서로 비슷한 점을 갖고 있는 사람끼리 호감을 느끼는 것을 '유사성의 원리Principle of Similarity'라고 한다.

미국의 신혼부부들을 조사한 결과, 99퍼센트 이상의 부부들이 같은 인종이며, 94퍼센트가 같은 종교를 갖고 있는 것으로 나타났다. 더욱이 교육 수준, 경제적 배경, 심지어는 키나 눈 색깔과 같은 신체적인 특징까지도 유사했다. 청소년들의 경우도 가장 친한 친구는 나이, 인종, 교육 목표, 정치적 신념 및 종교가 비슷했다.

유사성의 원리는 청소년들의 비행이나 약물 사용 행동을 설명하는 데도 적용된다. 심리학자 칼 로저스의 조사 결과에 따르면 흡연, 음주 및 혼전 성교나 마리화나를 사용하는 청소년들은 대부분 그들의 친구들과 유사한 생활습관을 갖고 있는 것으로 나타났다.

사람들은 똑같은 내용의 부탁을 해도 자신과 비슷한 사람들의 부탁을 더 잘 들어준다. 심리학자 엠스윌러는 히피 복장이나 정장차림의 연구 보조자들로 하여금 캠퍼스의 대학생들에게 전화를 해야 하는데 동전이 없다면서 10센트만 빌려달라고 부탁하게 했다. 자기와 비슷한 스타일의 복장을 하고 있는 사람들이 부탁하면 대학생들의 3분의 2 정도가 동전을 꺼내주었다. 하지만 자기와 다른 스타일의 복장을 하고 있는 경우, 절반 이상이 요청을 거절했다.

## 유유상종, 동병상련

'유유상종(類類相從, 사람들은 끼리끼리 어울린다)', '동병상련(同病相憐, 같은 병으로 고생하는 사람은 서로를 아끼고 돌본다)', '과부 사정은 홀아비가 안다' 이 말은 모두 사람들은 서로 비슷한 사람들을 좋아한다는 의미를 갖고 있다.

왜 우리는 자기와 비슷한 사람들을 좋아할까? 몇 가지 이유가 있다. 첫째, 누군가가 우리와 비슷하게 행동하고 있다면 그것은 내가 '옳다'는 증거를 제공한다. 우리가 옳다는 것을 확인하는 것은

기분 좋은 일이며, 사람들은 자기를 기분 좋게 해주는 사람을 좋아
한다. 둘째, 비슷한 태도나 취향을 갖고 있는 사람들은 서로의 행
동을 더 쉽게 예측할 수 있다. 우리는 예측 가능한 사람과 있을 때
스트레스를 덜 받는다. 셋째, 자기와 비슷한 사람을 싫어하는 것은
곧 자기 자신을 싫어하는 것이 된다. 그래서 사람들은 자기와 비슷
한 사람을 좋아한다.

　서로 비슷한 사람끼리 친해지는 데는 또 다른 이유가 있다. 사람
들은 자기와 공통점이 없는 사람들에 대해 반감을 느끼는 경향이
있기 때문이다. 심리학에서는 이를 '반감 가설Repulsion Hypo-

theses'이라고 한다. 닭이나 원숭이 등 많은 동물들은 자기와 다른 색다른 개체가 나타나면 격렬하게 배척하는 경향이 있다. 개체의 생존과 종족 보존의 필요성 때문에 진화된 메커니즘이다.

인간의 경우도 자기와 뭔가 다른 사람들을 적대시하는 유전적 프로그램을 갖고 있다. 그것이 집단의 응집력과 유대감을 높여주기 때문이다. 이런 경향은 어린아이들한테서도 관찰된다. 아이들은 자신들과 다르게, 말을 더듬거나 절뚝거리는 친구들을 놀려대고 괴롭힌다.

## 나도 당신과 같은……

유사성의 원리는 마케팅 분야에서 매우 중요하게 응용된다. 세일즈맨들은 유사성의 원리를 사용해 고객의 호감을 끌어내라고 교육받는다. 예를 들어, 화장품을 팔 때 건성피부라고 말하는 고객에게는 "나도 건성피부인데. 써보니까……."라고 하면서 권한다. "나도 당신과 같은……."이라는 말로 공통분모를 찾아내면 고객들을 훨씬 쉽게 설득할 수 있다.

유사성의 원리를 현명하게 활용하면 위기 상황 대처에도 도움이 된다. 인도네시아의 맥도날드는 유사성의 원리를 활용해 반미 시위대의 습격을 모면했다. 그들은 시위대의 습격에 대비해 직원들에게 맥도날드의 유니폼이 아니라 인도네시아의 전통 복장을 입게 했다.

누군가와 좋은 관계를 맺으려면 공통분모를 먼저 찾아내야 한다. 그런데 누굴 만나든 기를 쓰고 차이점을 찾아내는 사람들이 있다. "서해안의 석양, 정말 아름답네요."라고 말하면 그들은 "아직 타이티의 석양을 못 보셨군요."라고 하면서 초를 치고 김을 뺀다. 그들은 상대방에게 초점을 맞추지 못하고 공통분모를 찾아내지도 못한다. 그래서 사람들은 그들에게 등을 돌린다.

트러블 메이커들은 차이점을 먼저 찾는다. 반면, 조화 지향자들은 유사성을 먼저 본다. 그들은 상대방에게 초점을 맞출 수 있기 때문에 누굴 만나든 공통분모를 찾아내 쉽게 사람들과의 연결고리를 만든다. 그래서 그들은 어딜 가든 환영을 받는다.

> **사람들과 대화할 때 공통분모를 잘 찾는 사람은**
>
> 1. 융통성이 있고 공감 능력이 뛰어나다.
>
> 2. 갈등 상황에서 쉽게 해결책을 찾아낸다.
>
> 3. 어딜 가든 환영을 받고 누굴 만나든 대접받는다.

루스벨트와 이야기를 나눈 사람이라면 누구나 자신이 존중받았다는 느낌을 받고 그의 박학함에 놀랐다고 한다. 그가 이런 평가

를 받게 된 것은 상대방을 배려하려는 그의 남다른 노력에서 비롯
된다. 그는 어떤 손님과 만나기로 하면 그 사람의 직업이나 취향을
미리 파악하고 그 사람이 관심을 가질 만한 주제에 대해 책이나 자
료를 조사했다. 상대의 마음을 사로잡는 방법으로 공통분모를 찾
는 것만큼 중요한 것이 없음을 알고 있었던 것이다.

다정한 커플은 즐겁게 시간을 보낼 수 있는 공동의 취미가 있
다. 친밀감을 주는 부모는 자녀와 함께 나눌 수 있는 대화 주제가
있다. 좋은 관계를 원한다면 먼저 상대방과의 공통분모를 찾아내
야 한다. 없다면 그때부터라도 만들어야 한다. 예를 들어, 상대방
이 애완용 개를 기른다면, 애완용 개에 대해 많은 지식을 습득해야
한다. 그리고 그것을 화제로 삼을 수 있어야 한다. "나도 당신과 같
은……."이라고 말하면 그와 당신의 거리는 한결 더 가까워질 것
이다.

아이들에게 이렇게 말하는 부모들이 많다. "아빠는 너만할 때
그렇지 않았다." "엄마는 그런 일 때문에 야단맞은 적이 없다." 그
런 말은 대개 효과가 없다. 오히려 아이들은 다음과 같이 말하는
부모들을 너 좋아한다. "아빠도 학교 다닐 땐 참 공부가 지겨웠
어." "사실은 엄마도 야단을 많이 맞고 자랐단다." 아이들은 이런
부모들의 말을 더 잘 듣는다.

# Stop & Think

**W**hy   사람들은 왜 자신과 비슷한 사람을 좋아하고 차이가 나는 사람을 싫

어할까?

------------------------------------------------

**W**hat   공통분모를 잘 찾아내 누구하고나 쉽게 친해지는 사람을 한 명 찾아

보자. 그는 그렇지 못한 사람과 무엇이 다른가?

------------------------------------------------

**H**ow   가족이나 동료 등 인간관계를 개선하고 내가 하고 있는 일의 성과를

높이기 위해 유사성의 원리를 활용하려면 나는 어떻게 달라져야 하

는가?

------------------------------------------------

# 자주 보면 정이 들고
# 만나다 보면 좋아진다

우리가 어떤 대상에 익숙해지면
우리도 모르는 사이에 그 대상을 좋아하게 된다.
—로버트 치알디니

1889년 3월 31일 프랑스 파리에는 프랑스대혁명 100주년을 맞이해 열린 만국박람회의 기념 조형물로 에펠탑이 세워졌다. 이 탑의 건립계획과 설계도가 발표되자 당시 파리의 문인, 화가 및 조각가들은 에펠탑의 천박한 이미지에 기겁을 했다. 수많은 시민들이 탑 선립을 반대하는 시위에 참석했다. 1만 5천여 개의 금속 조각을 250만 개의 나사못으로 연결시킨 무게 7천 톤, 높이 320.75미터의 철골 구조물이 고풍스러운 파리의 분위기를 완전히 망쳐 놓을 것이라고 생각했기 때문이다. 시민들의 반발이 너무 거세 프랑스 정부는 20년 후에는 철거하기로 약속하고 건설을 강행했다.

## 천박한 흉물, 파리의 귀부인이 되다

탑이 세워진 후, 시인 베를렌은 "흉측한 에펠탑이 보기 싫다."
며 에펠탑 근처에는 가지도 않았다. 소설가 모파상은 몽소 공원에
세워진 자신의 동상이 에펠탑을 보지 못하게 등을 돌려 세웠다. 에
펠탑 철거를 위한 '300인 선언'이 발표되기도 했다. 20년이 지난
1909년 다시 철거 논의가 거세졌지만, 탑 꼭대기에 설치된 전파
송출 장치 덕택에 살아남았다. 그러면서 철거 논의는 서서히 수그
러들었다. 100여 년이 지난 지금 에펠탑은 파리의 상징이 되었으
며 에펠탑 없는 파리는 상상도 할 수 없다.

에펠탑은 더 이상 천박한 흉물이 아니며, 이젠 프랑스 사람들이
가장 자랑스럽게 생각하는 파리의 귀부인이 되었다. 파리 시민들
의 인식이 왜 이렇게 달라졌을까? 탑의 높이가 300미터가 넘기
때문에 그들은 좋든 싫든 눈만 뜨면 에펠탑을 봐야 했다. 그러면서
그 탑에 차츰 정이 들어갔고 에펠탑을 찾는 시민들도 점점 늘어났
다. 2004년 1년간 프랑스를 찾은 외국 관광객은 무려 2,500만 명
이나 되었으며, 세계 1위의 관광대국이 되었다. 프랑스를 찾는 관
광객들은 에펠탑을 프랑스의 명소 1위로 꼽고 있다.

파리 시민들이 날마다 보는 에펠탑에 정이 들어가듯 단지 자주
보는 것만으로도 호감이 증가하는 현상을 '단순노출의 효과Mere
exposure Effect', 또는 '에펠탑 효과Eiffel Tower Effect'라고 한다.

## 자주 보면 좋아지고, 만나다보면 친해진다

처음에는 어색하기 짝이 없던 광고나 상표 이름도 여러 번 듣게 되면 어느새 그럴듯하게 느껴진다. 처음에는 별로였던 유행가도 자주 듣다 보면 어느새 좋아진다. 연예인의 인기는 방송 출연 빈도와 밀접한 관계가 있다. 방송 출연 빈도가 높으면 그만큼 호감을 사게 되며 인기도 높아진다. 이 같은 단순노출의 효과는 선거에서도 나타난다.

선거 때 유권자들은 누구에게 표를 던질까? 특별한 이유가 없는 한 가장 친숙한 후보를 선택할 것이다. 최근 텔레비전 앵커나 아나운서들의 정계 진출이 늘고 있다. 선거철만 되면, 각 당에서 이들을 영입하려고 눈에 불을 켠다. 왜 그럴까? 시청자들에게 이미 널리 알려져 당선 가능성이 그만큼 높기 때문이다.

심리학자 제이용크는 사진을 이용한 실험으로 단순노출의 효과를 증명했다. 그는 대학생들에게 낯선 사람들의 사진을 보여주었다. 참여자들에게는 '일종의 시각적 기억 연구'라고 설명해주었다. 물론 실험 목적은 설명과 달리 사진을 보는 횟수와 호감도 간의 관계를 알아보기 위한 것이었다. 사진을 보여준 횟수는 1, 2, 5, 10, 25회였으며 사진을 다 본 다음에는 사진 속의 주인공이 얼마나 마음에 드는지를 평가하게 했다. 연구 결과는 어떻게 나왔을까? 예상했던 대로 사진을 본 횟수가 증가하면 호감도 역시 증가

했다.

아파트 주민들이 어떤 사람들과 친하게 지내는지를 알아본 한 연구에 의하면, 무엇보다 두 집 간의 거리가 친밀감을 결정하는 가장 중요한 요인으로 밝혀졌다. 기숙사 생활을 하는 대학생들을 대상으로 한 연구에서도 마찬가지 결과가 나타났다. 1년 동안 기숙사 생활을 했던 학생들을 대상으로 교우관계를 조사한 결과, 같은 층의 다른 친구들에 비해 같은 방을 쓰는 룸메이트를 가장 친한 친구로 꼽는 경우가 훨씬 더 많았다.

가까이 있을수록 사람들이 서로 친해지는 것을 '근접성의 효과Proximity Effect'라고 한다. 근접성의 효과는 자연스럽게 나타나는 현상이지만 이를 의도적으로 활용하는 경우도 적지 않다.

내가 아는 어떤 사람은 근접성의 효과를 활용해 연애에 성공했다. 그는 학기 초 한 여학생에게 한눈에 반했다. 그 뒤 그는 강의 때마다 항상 그 여학생 부근에 자리를 잡았다. 단지 부근에 앉아 가끔 눈인사를 나눌 뿐 말을 걸지는 않았다. 그러다가 학기 말쯤 우연히 마주친 자리에서 시간을 내달라고 부탁해 데이트 신청을 했다. 그리고 승낙을 받아냈다. 물론 우연을 가장한 의도적 만남이었다. 학기 초에 만나자마자 데이트를 신청했더라면 십중팔구 실패했으리라는 것이 그의 이야기다.

## 아쉬울 때만 찾지 말고, 지속적인 만남을 유지하라

자주 보면 정이 들고 만나다 보면 좋아진다. 가까이서 자주 만날수록 호감도가 커지는 것은 보편적인 현상이다. 하지만 만날수록 더 싫어지는 사람도 있다. 단순노출의 효과나 근접성의 효과는 초기 인상이 긍정적이거나 적어도 나쁘지 않은 경우에만 나타나며 기분 나쁜 사람은 자주 만날수록 오히려 더 싫어지기 때문이다.

심리학자 펄만은 이런 사실을 간단한 실험으로 확인했다. 그는 사람들에게 세 장의 사진을 보여주면서 각각의 인물을 유능한 과학자(긍정적인 인물), 평범한 사람(중성적인 인물), 그리고 범죄자(부정적인 인물)로 소개했다. 각각의 사진을 1회, 5회, 10회씩 보여주면서 사진의 주인공에 대한 인상을 평가하게 했다.

연구 결과, 긍정적인 인물에 대한 호감 정도는 보는 횟수가 증가할수록 높아졌다. 중성적인 인물의 경우 역시 호감도가 약간 증가했다. 그러나 부정적인 인물에 대한 평가는 자주 볼수록 호감도가 감소했다.

이런 연구 결과가 우리에게 가르쳐주는 것이 있다. 첫째, 누군가와 가까워지고 싶다면 자주 만나라. 둘째, 되도록 가까이 접근하라. 셋째, 그 과정에서 불쾌한 기분을 유발시키지 마라.

비즈니스를 잘하려면 무엇보다 먼저 고객과 자주 접촉하라. 그리고 그들에게 좋은 인상을 심어주어라. 자녀들이 따르기를 원한다면 함께 보내는 시간을 많이 가져라. 그러나 자녀들의 기분을 거스르지 마라. 배우자와 좋은 관계를 원한다면 자주 대화하라. 그러나 불쾌한 주제는 입에 올리지 마라.

살다 보면 새로운 사람을 접할 기회가 많다. 한 번 만난 이후로 소식을 뚝 끊어버리면 아무리 첫인상이 좋아도 한 번뿐인 만남으로 끝나버린다. 하지만 자주 만난다고 해서 항상 더 좋은 관계로 발전하는 것은 아니다. 연락이 오면 싫어지고 만날수록 더 만나기가 싫어지는 경우도 있다. 주로 이런 사람들이다.

평소에는 안부 전화 한 번 하지 않다가 어려운 일이 있을 때만 친한 척 연락하는 사람, 잘 지낼 때는 아무 소식이 없다가 울적할 때만 전화를 걸어 푸념을 늘어놓는 사람, 도움이 필요할 때만 찾아오는 사람, 추천서나 소개가 필요할 때만 선물이나 이메일을 보내는 사람. 세상에 이런 사람을 좋아할 사람은 없다.

이런 사람들은 자기에게 이득이 될 때만 찾아온다. 필요할 땐 누구보다 친한 척하지만, 아쉬울 게 없을 때는 연락을 뚝 끊고 모른 척한다. 어떤 사람이 당신과의 관계를 얼마나 소중하게 생각하는지는 그가 주로 어떤 상태에서 당신을 찾는지, 그리고 아쉬울 게 없는 평상시에는 어떤 태도를 보이는지 살피면 된다. 다른 사람들 역시 동일한 방식으로 당신을 평가한다.

절실할 때만 찾고 뭔가 필요할 때만 친절하다면 어느 누구도 그 사람과, 그가 보여준 친절을 달가워하지 않을 것이다. 누군가와 좋은 관계를 유지하고 싶다면 평소에 잘해야 한다. 상대방이 연락을 하기 전에 먼저 연락을 취하자. 필요할 때가 아니라 평소에 간간이 안부 인사를 전하자. 만나기가 힘들다면 간단한 안부 메일이라도 보내보자. 책이나 신문을 보다가 상대가 흥미를 느낄 만한 내용이 있으면 그런 것을 보내주자.

$\mathrm{W}$hy 사람이든 사물이든 자주 보면 호감도가 증가한다. 그런데 자주 볼수록 오히려 호감도가 떨어지는 경우도 있는데 그 이유는 무엇인가?

$\mathrm{W}$hat 아쉬울 때만 찾는 사람과 그렇지 않는 사람은 무엇이 다른가? 소중한 사람인데도 그동안 연락을 하지 못한 사람이 있다면 그는 누구인가?

$\mathrm{H}$ow 전화나 편지, 카드 또는 이메일, 메신저, 문자 메시지 등 그에게 연락을 취할 방법을 찾아보자. 그리고 그에게 하고 싶은 말을 지금 당장 전해보자.

# 칭찬 방법을 바꾸면
# 관계가 달라진다

다른 사람을 칭찬하는 방식이나
횟수에 변화를 주는 것만으로도
얼마든지 자신의 삶을 바꿀 수 있다.
—데이비드 프리맨틀

당신이 매력적인 이성을 만나 그에게 호감을 사고 싶다면 그에게 끊임없이 찬사를 늘어놓는 것이 가장 효과적인 방법이라고 생각할지 모른다. 그런데 그것은 생각처럼 효과가 없다. 그보다 더 효과적인 방법이 있다는 사실을 재치 있게 증명해낸 실험이 있다.

심리학사 애론슨과 린다는 미네소타대학교의 여학생 80명에게 남들이 자신에 대해 이야기하는 것을 엿듣게 했다. 그러고 나서 그 이야기를 한 사람에 대한 호감도를 평가하게 했다.

첫 번째 조건에서는 '지적이고, 말솜씨가 좋으며, 호감이 가는 인상을 갖고 있다' 는 말로 계속 칭찬하게 했다. 두 번째 조건에서는 '지적이지 못하고, 말주변도 없으며, 피상적이다' 라는 식으로 처음부터 끝까지 나쁘게 말하도록 했다. 세 번째 조건은 처음에는 부정적인 말들로 시작되지만 나중에는 칭찬하는 말로 마무리를 짓도록 했다. 네 번째 조건에서는 세 번째 조건과 같은 내용이지만 순서를 바꿔 처음에는 칭찬으로 시작하지만 나중에는 비난으로 끝내게 했다.

## 칭찬 끝에 토를 달지 마라

엿듣는 사람들이 가장 호감을 느끼는 경우는 어떤 조건일까? 여러분은 시종일관 칭찬만을 하는 첫 번째 조건의 사람을 가장 좋아할 것이라고 생각할지 모른다. 하지만 사람들은 부정적인 평가로 시작해 칭찬으로 끝내는 세 번째 조건의 사람을 가장 좋아했다. 왜 이런 결과가 나왔을까?

상식적으로 생각하면 시종일관 칭찬만 하는 사람을 가장 좋아할 것 같은데 실상은 그렇지가 않다. 거기에는 몇 가지 이유가 있다. 첫째, 좋은 말도 자꾸 듣다 보면 식상하듯이 칭찬도 반복되면 그 효과가 급격히 줄어든다. 둘째, 칭찬만 반복되면 신빙성이 떨어져 그 사람의 말을 신뢰하지 않게 된다. 셋째, 누굴 만나든 칭찬만 하는 사람에게 듣는 칭찬은 단지 그 사람의 습관에 불과하다고 생각한다.

칭찬으로 시작해 비난으로 끝나는 조건은 최악의 점수를 받았다. 그러나 비난으로 시작해 칭찬으로 끝나는 경우는 네 가지 조건 중 최고의 점수를 받았다. 흥미로운 것은 이 두 조건 모두 칭찬과 비난이 함께 제공되며, 단지 제시순서만 바뀌었을 뿐이다. 그런데도 완전히 다른 평가가 나온 이유는 무엇일까?

잘나가다가 끝에 가서 듣는 사람의 기분을 망치는 상사들이 많다. "김 대리, 이번에 실적이 많이 올랐더군. 그런데 말이야……." 기껏 칭찬하고서 자녀들을 좌절시키는 부모들도 많다. "너 이번 기말고사 평균이 많이 올랐더라. 그런데 수학 점수는 도대체 뭐니?"

칭찬 뒤에 토를 달면 뿌듯하다가도 갑자기 기분이 나빠진다. 이런 경우, 진심을 담은 칭찬이라 할지라도 듣는 사람은 칭찬의 순수성에 의심을 갖게 된다. 왜 그럴까? 긍정적인 기대를 하고 있을 때 부정적인 행동을 보이면 훨씬 더 기분이 나빠지기 때문이다. 이처럼 어떤 행동이 기대치에 어긋났을 때 더 기분이 나빠지는 것을 '기대치 위반 효과Expectancy Violation Effect' 라고 한다.

기껏 칭찬을 하고 끝에 가서 비난을 하는 것은 나무에 올려놓고 흔드는 것과 같고, 좋은 말로 시작했다 불쾌한 말로 끝내는 것은 주었던 물건을 다시 뺏는 것과 같다.

반면, 부정적인 점을 지적하고, 칭찬으로 마무리를 짓는 것은 상처에 치료제를 발라주는 것과 같다. "김 부장은 일을 대충대충 하는 것 같은데, 자세히 살펴보니 무척 철저한 사람이군." 이렇게 비판을 하고 난 뒤에는 칭찬으로 마무리를 하는 것이 좋다. 구체적인 근거를 제시하면 신빙성이 더해진다. 부정적인 말을 했다면 반드시 칭찬이나 격려의 말로 마무리를 짓자. 언제나 시작보다는 끝이 더 중요하다.

## 칭찬 효과, 조금만 바꿔도 크게 달라진다

사람들은 입에 발린 말이라고 할지라도 자기를 칭찬하는 사람을 좋아한다. 하지만 칭찬이 모두 같은 효과를 내는 것은 아니다. 칭찬을 들었어도 기분이 별로인 경우가 있고 크게 칭찬한 것 같지는 않는데 기분이 매우 좋아지는 경우도 있다. 칭찬 방식에 따라 그 효과가 다르기 때문이다.

칭찬은 구체적으로 하는 것이 좋다. "잘했어."와 같이 모호한 표현보다 "자네의 기획안은 간결하고 설득력이 있어. 특히 이런 문장에서……."처럼 무엇을 잘했는지 구체적으로 언급해야 효과가 크다.

일반적으로 사람들은 자기를 칭찬하는 말을 진실이라고 믿는 경향이 있다. 하지만 그것도 한두 번이지 똑같은 칭찬이 반복되면 왠지 미심쩍은 생각이 든다. 칭찬은 반복하지 않고 짧게 끝내는 게 좋다. 진지하고 간결하게 칭찬하는 것이 더 깊은 인상을 주며 기억에도 오래 남는다.

누군가를 칭찬할 때 면전에서 대놓고 하는 것보다 제3자에게 칭찬하는 것이 더 효과적인 경우가 많다. 제3자에게 하는 칭찬은 대부분 본인에게 전해진다. 직접 듣는 칭찬도 나쁘지는 않지만 제3자로부터 건네 듣는 칭찬이 훨씬 더 기분 좋다. 면전에서 하는 칭찬은 입에 발린 말일 수도 있지만 건네 듣는 칭찬은 그럴 가능성이 없기 때문이다.

게다가 다른 사람을 통해 듣는 칭찬은 칭찬받고 싶은 욕구와 자랑하고 싶은 욕구 두 가지를 모두 충족시킬 수 있다. 뿐만 아니라 칭찬을 전해듣게 되면 두 명으로부터 칭찬을 받는 셈이 되기 때문에 면전의 칭찬보다 몇 배의 효과를 발휘할 수 있다.

당사자 주변 인물에 대한 찬사를 전하는 것도 효과적인 칭찬 방법 중 하나다. 자기 자녀를 칭찬해준 사람에게는 간이라도 빼주고 싶은 게 부모의 마음이다. 자녀나 배우자 등 가족이나 주변 인물에 대한 칭찬은 생각보다 훨씬 더 효과가 크다.

이해관계가 걸린 사람이 예상할 수 있는 칭찬을 하면 별로 효과가 없다. 아무리 진심으로 칭찬을 해도 저의를 의심받기 때문이다. 따라서 칭찬은 평소에, 그리고 예상치 못한 의외의 상황에서 해야 효과가 크다. 또 사람들은 소유물에 대한 칭찬보다 태도나 재능에 대한 칭찬을 더 좋아한다. "옷이 참 멋지네요."라는 말보다는 "감각이 탁월하시군요."라는 표현이 훨씬 세련된 칭찬이다.

자녀나 부하직원에 대해 칭찬을 하고 싶어도 칭찬할 게 없어서

못한다고 말하는 사람들이 많다. 그들이 칭찬을 못하는 이유는 결과만을 중시하기 때문이다. 칭찬을 통해 더 나은 상태로 유도하려면 점점 더 나아지고 있는 상태를 알아차리고 노력하는 그 과정을 칭찬해야 한다. 사람들은 결과보다는 과정에 대해 칭찬을 받을 때 더욱 열심히 노력한다.

상대방의 장점이나 좋은 점을 표현하는 것만이 칭찬이 아니다. 칭찬의 표현방식은 대상과 상황에 따라 달라져야 하며 평가나 판단보다는 자신의 느낌을 진솔하게 전달하는 것이 더 효과적이다.

영화 〈이보다 더 좋을 순 없다〉의 남자 주인공 잭 니콜슨은 강박증 환자이자 유명한 소설가다. 사랑을 찬미하는 소설을 쓰면서도 아무에게나 심한 독설을 퍼붓기 때문에 아무도 그를 좋아하지 않는다. 오직 그가 즐겨 찾는 레스토랑의 종업원 헬렌 헌트만이 인

내심을 갖고 그를 상대해줄 뿐이다. 그녀의 인내와 친절에 감동한 그는 드디어 그녀에게 구애를 하게 된다. 그리고 그 여자는 자기를 사랑하는 남자로부터 찬사를 듣고 싶어한다.

**이보다 더 좋을 수 없는 칭찬**

여 : 칭찬 한 가지만 해봐요.

남 : 정신과적인 문제가 있는데……. 얼마 전부터 약을 먹기로 했어요.

약을 먹으면 좋아질 수 있대요.

여 : 그게 무슨 칭찬이에요?

남 : 당신은 내게 더 좋은 남자가 되고 싶게 만들었어요.

여 : 내 생애 최고의 칭찬이에요.

잭 니콜슨은 여주인공 헬렌 헌트의 장점을 언급하는 직접적인 칭찬을 한 마디도 하지 않는다. 그런데 왜 여주인공은 생애 최고의 칭찬이라고 말했을까? 잭 니콜슨이 그녀 때문에 변화하고 싶은 동기가 생겼다고 그의 감정을 진술하게 전했기 때문이다.

사람들을 긍정적으로 바라보자. 칭찬할 거리를 찾아 진심을 담아 칭찬하자. 칭찬 한마디라도 남다르게 하려고 노력하자. 칭찬 방법을 조금만 바꿔도 우리의 삶은 크게 달라진다.

Why 칭찬 끝에 토를 달면 왜 기분이 나빠지고 꾸중을 듣다가도 칭찬으로
마무리되면 왜 기분이 좋아질까? 나는 어떻게 칭찬하는 편인가?

What 내가 받았던 칭찬 중 가장 기억에 남는 칭찬이 있다면 그 칭찬의 특
징은 무엇인가?

How 주변에 칭찬해주고 싶은 사람이 있다. 그 사람에 대한 칭찬을 제3자
를 통해 전해보자. 어떤 내용을 언제, 어떻게 전할까?

# 감동을 주는 칭찬 방법 7가지

**1** 막연하게 하지 말고 구체적으로 칭찬하라  구체적이고 근거가 확실한 칭찬을 하면 칭찬뿐 아니라 당신에 대한 믿음도 배가 된다.

**2** 본인도 몰랐던 장점을 찾아 칭찬하라  그런 칭찬을 받으면 기쁨이 배가 되고 상대는 당신의 탁월한 식견에 감탄하게 된다.

**3** 공개적으로 하거나 제3자에게 전달하라  남들 앞에서 듣는 칭찬이나 제3자에게서 전해들은 칭찬이 기쁨과 자부심을 더해주며 더 오래 지속된다.

**4** 차별화된 방식으로 칭찬하라  남다른 내용을 남다른 방식으로 칭찬하면 당신은 특별한 사람으로 기억된다.

**5** 결과뿐 아니라 과정을 칭찬하라  성과에만 초점을 맞추지 않고 노력하는 과정에 초점을 맞춰 칭찬하면 상대는 더욱 분발하게 된다.

**6** 예상외의 상황에서 칭찬하라  질책을 예상했던 상황에서 문제를 지적한 다음 칭찬으로 마무리를 지으면 예상외로 효과가 크다.

**7** 다양한 방식을 찾아보라  때론 말로, 때론 편지로, 때론 문자메시지로 칭찬을 전달하라. 레퍼토리가 다양하면 그만큼 멋진 사람으로 각인된다.

# 웃는 사람 주위에
# 사람이 모이는 이유



한 백화점 직원들을 대상으로 설문조사를 한 결과, 좋아하는 상사 1위로 '인간적이며 유머감각이 있는 사람'이 꼽혔다. '어떤 여자 동료가 좋으세요?'라는 질문에서 남자 직원들은 '밝은 미소를 가진 사람'을 1위로 꼽았다. 한 중공업회사 직원들에게 '가장 모범적이고 멋진 사원'을 묻는 조사에서도 '항상 밝게 웃음 짓는 여사원'이 1위를 차지했다.

아이들은 왜 뉴스보다 시트콤을 좋아할까? 재미있는 사람들이 많이 나오기 때문이다. 사람들은 왜 정치인들보다 연예인들을 좋아할까? 정치인들의 표정은 굳어 있지만 연예인들의 표정은 웃고 있기 때문이다. 인기 있는 시트콤이나 토크쇼에 단골로 출연하는 사람들이 모두 최고의 외모를 갖고 있는 것은 아니다. 하지만 그들은 모두 잘 웃거나 아니면 잘 웃긴다.

## 유머감각을 갖추면 어디서나 주목을 받는다

유머가 풍부한 사람들은 어딜 가나 인기가 많다. 그들과 함께 있으면 무얼 해도 즐겁다. 그래서 그들 주변은 항상 사람들로 북적이며 그들은 어딜 가나 주목을 받는다. 사람들을 웃게 만드는 사람은 자석처럼 사람들을 끌어당긴다. 무슨 일을 하든지 다른 사람들의 협력과 지지를 쉽게 얻어낸다. 그래서 그들은 리더가 되고 성공할 가능성도 높다.

여자들은 낯선 남자들과 대화할 때 심각한 남자보다 웃게 해주는 남자들을 훨씬 더 좋아한다. 재미있다는 이유 하나만으로도 그 남자를 사랑한다는 여자도 많다. 실제로 재미있는 남자들은 그렇지 못한 남자들에 비해 경제적인 능력이 더 뛰어나고 지위도 높은 경우가 많다.

심지어 외도를 했을 때조차도 잘 웃기는 남자들은 용서받기가 쉽다. 힐러리 클린턴은 빌 클린턴 대통령이 그의 외도를 고백했을 때 목을 비틀어 죽여버리고 싶을 만큼 미웠다고 고백했다. 그리고 한마디 덧붙였다. "그럼에도 내가 여전히 그의 곁에 있는 이유는

그만큼 나를 웃게 만드는 사람이 없기 때문이다."

위기 상황을 극복하는 데 유머만큼 효과적인 것은 없다. 이스라엘의 무역장관을 지낸 나탄 샤란스키는 구소련의 대표적인 반체제 인사였다. 그 무서운 소련 감옥에서 9년 동안이나 갇혀 있었으며 사형선고를 받고 16개월 동안은 독방에 갇혀 온갖 방법으로 위협을 당했다.

지옥 같은 감옥을 벗어나 서방세계로 나온 후 그는 지난날을 이렇게 회고했다. "내가 겪은 가장 큰 고통은 죽음에 대한 공포였으며 그것을 극복할 수 있는 유일한 방법은 위협과 죽음에 대해 웃는 것이었다. 유머란 자유로울 때는 사치스러운 것이지만, 감옥에서는 유일한 무기다. 그들에 대해 웃을 수 있는 순간, 그들로부터 자유로울 수 있었다."

위협적인 상황에서 가장 먼저 사라지는 것이 웃음이다. 하지만 아무도 웃을 수 없는 상황에서 유머와 웃음을 잃지 않는 특별한 사람들이 있다. 나는 그런 특별한 사람들을 존경한다.

유머감각을 키우려면 무엇보다 먼저 유머나 웃음의 가치를 인정해야 한다. 그리고 다른 사람에 대한 애정과 너그러움을 갖고 고정관념에서 벗어나 유연한 사고를 가져야 한다. 시트콤이나 코미디 프로그램을 자주 보고 유머감각이 있는 사람들을 가까이 하는 것도 유머감각을 기르는 데 도움이 된다.

**유머감각이 뛰어난 사람들은**

1. 자석처럼 사람들을 끌어당겨 인기가 좋다.

2. 잘못을 저질렀을 때도 용서받기가 쉽다.

3. 위기 상황에 효과적으로 대처할 수 있다.

## 웃는 모습, 보고만 있어도 전염된다

'내가 무슨 수로 사람들을 웃겨' 라고 생각하는 사람들이 많다.

그렇다고 해서 너무 실망할 필요는 없다. 웃기지 못하면 웃는 쪽을 선택하면 된다. 사람들은 유머가 있는 사람보다 자기를 보고 잘 웃어주는 사람을 더 좋아한다. 특히 남자들은 웃기는 여자보다 잘 웃는 여자를 더 좋아한다. 남자들의 입장에서 보면 유머감각이 있는 여자란 남자의 말에 잘 웃어주는 여자를 말한다.

사람들은 왜 잘 웃는 사람들을 좋아할까? 그런 사람과 함께 있으면 덩달아 기분이 좋아지기 때문이다. 정말 그럴까?

누군가 못을 박다가 망치로 손가락을 잘못 치는 장면을 목격하면 우리는 어떻게 반응할까? 우리 손가락은 아무 이상이 없는데도 순간적으로 얼굴이 일그러질 것이다. 어떤 사람이 우리를 보면서 부드럽게 미소를 짓는다면 우리는 어떻게 반응할까? 우리 역시 미소로 반응할 것이다. 너무 순식간이라 포착하기 힘든 경우도 있지만 어쨌든 사람들은 서로의 감정을 모방한다.

침울한 표정은 쳐다보기만 해도 기분이 처진다. 하지만 환하게 웃는 표정은 보고만 있어도 기분이 고조된다. 사람들 간의 감정은 전염병처럼 전염된다. 이처럼 어떤 사람의 감정 상태가 다른 사람들에게 전파되는 현상을 ‘정서적 전염Emotional Contagion’ 이라고 한다. 잘 웃는 사람과 함께 있으면 기분이 좋아지기 때문에 사람들은 잘 웃는 사람을 좋아한다. 웃음은 전염병과 같다. 하지만 그것은 몸과 마음에 도움이 되는 병이고, 사람과 사람을 이어주는 접착제 같은 병이다.

웃지 않는 사람들은 그 이유가 웃을 일이 없기 때문이라고 말한다. 그들은 감정이란 내부에서 외부로만 향한다고 생각한다. 이런 식이다. '기분이 나쁘다. 그래서 나는 웃지 않는다' 그러나 감정과 표정 간의 관계는 일방적이 아니다. 기분 좋은 일이 있을 때 웃지만, 웃다 보면 기분이 좋아진다.

대뇌에 있는 표정통제 중추와 감정통제 중추는 연결되어 있어 서로 영향을 주고받는다. 그래서 일부러라도 웃는 표정을 지으면 정말로 웃을 때와 비슷한 화학반응이 일어나며 결과적으로 기분이 좋아진다.

이처럼 표정을 바꾸면 감정 상태가 달라진다는 심리학 이론을 '안면 피드백 이론Facial Feedback Theory' 이라고 한다. 우리는 행복하기 때문에 웃게 되는 것이 아니라 웃기 때문에 행복해진다.


## 웃음이 줄어들게 된 까닭, 더 많이 웃어야 하는 이유

스탠포드 의과대학교 윌리엄 프라이 박사의 조사 결과에 따르면, 6세 징도의 유치원생들은 하루 평균 300번 정도 웃는다. 그러나 성인이 되면 그 20분의 1인 15번 정도로 줄어든다.

우리말에 '일노일노, 일소일소一怒一老一笑一少' 란 말이 있다. 또 '소문만복래笑門萬福來' 라는 말도 있다. 웃는 문으로 만복이 들어온다는 말이다. 그런데도 도대체 웃을 줄 모르는 사람들이 주변에 많다. 왜 어른이 되면 웃음이 줄어들까?

어른이 되면 걱정과 스트레스가 늘어나기 때문에 웃음이 줄어들 수 있다. 하지만 그보다 더 중요한 이유가 있다. 자라면서 웃음에 대한 부정적인 태도를 학습하기 때문이다.

"실없이 웃지 마." "쓸데없이 웃을래?" "시시덕거리지 마!" 이런 말을 들으면서 아이들은 함부로 웃으면 안 된다고 배운다. 어른이 되면서 헤프게 보일까 봐, 가볍게 보이거나 우습게 보일까 봐 잘 웃지 않게 된다. 알게 모르게, 웃는 것이 바람직하지 못한 행위라고 배우기 때문이다.

그런데 '웃는 낯에 침 못 뱉는다'는 속담처럼 웃는 표정으로 요청을 하면 확실히 거절하기가 어렵다. 미소가 이런 세 가지 메시지를 전달하기 때문이다. 첫째, 당신이 좋아요. 둘째, 함께 있으면 즐거워요. 셋째, 만나서 반가워요. 그래서 우리는 우리를 보고 웃는 사람을 좋아한다.

어떤 고객이 무뚝뚝한 무표정한 모습으로 환불을 요구한다. "죄송합니다. 환불을 받고 싶습니다. 영수증은 없습니다." 반면 다른 고객은 환한 미소를 띠고 이렇게 부탁한다. "죄송합니다. 영수증을 분실했는데 환불을 받을 수 없을까요?" 누가 더 쉽게 환불을 받을까?

미국의 한 통계자료에 의하면 고속도로에서 과속단속에 걸린 사람들 중 여성들이 남성들에 비해 훨씬 적게 딱지를 떼인다고 한다. 왜 그럴까? 남자 경관들이 단지 여성이라고 봐주기 때문일까? 그보다는 여성 운전자와 남성 운전자가 보이는 태도가 다르기 때문이다. 일반적으로 단속에 걸리면 남성들은 잘 웃지 않고 못마땅한 표정을 짓는다. 그러나 여성들은 남성들에 비해 훨씬 더 미소를 많이 띠고 깊이 뉘우치는 기색을 보인다. 그리고 과속을 할 수밖에 없었던 개인적인 사연을 더 부드럽게 얘기한다.

웃음은 표정만 바꾸는 것이 아니다. 행동을 바꾸고, 감정을 바꾸며, 생각까지 바꾼다. 심각한 표정을 짓고 눈을 감아보라. 떠오르는 생각과 에너지 수준 및 감정을 느껴보라. 그 다음에는 미소를 짓고 눈을 감아보라. 생각과 에너지 수준 및 감정에서 어떤 차이가 느껴지는가?

미소의 효과는 볼 수 있을 뿐 아니라 들을 수도 있다. 수화기 건너편의 사람이 미소를 짓고 말하면 목소리의 크기, 높낮이뿐 아니라 말의 빠르기도 달라진다. 눈에 보이지 않는 미소로도 우리는 다른 사람에게 영향을 미친다.

다른 사람에게 미소를 보내면 그들 역시 미소를 보내온다. 인상을 쓴다면 그들 역시 인상을 쓴다. 미소는 부메랑과 같고, 세상은 언제나 우리 자신을 비춰주는 거울이다. 이전보다 더 많이 웃는다면 우리의 삶은 지금보다 훨씬 더 수월해진다.

Why  왜 소문만복래 笑門萬福來라는 말이 생겼을까? 웃게 되면 우리의 생각과 행동은 어떻게 달라질까?

What  잠시 책을 덮고 거울에 내 얼굴을 비춰보자. 나는 지금 어떤 표정을 짓고 있으며 그것은 어떤 메시지를 전달하는가?

How  유머감각이 있는 사람은 불쾌한 상황에서도 유쾌한 점을 찾아낸다. 최근에 있었던 기분 나쁜 일 하나를 떠올리면서 거기서 재미있었던 점은 없었는지 생각해보자.

# 이것은 무엇일까?

비용이 들지 않지만 많은 것을 준다.

주는 이가 가난하게 되지 않으면서도,

받는 이를 풍요롭게 한다.

잠깐이지만 그에 대한 기억은 때로 영원하다.

아무리 부자라도 이것이 필요 없는 사람은 없고,

아무리 가난해도 이걸 못할 만큼 가난한 사람은 없다.

가정엔 행복을 더하고,

사업엔 촉진제가 되고,

친구 간엔 우정을 돈독하게 만든다.

피곤한 자에겐 휴식이 되고,

좌절한 자에겐 용기를 주며,

슬퍼하는 자에겐 위로가,

번민하는 자에겐 자연의 해독제가 된다.

돈을 주고 살 수도 없으며, 빌릴 수도 없고 훔칠 수도 없다.

—랍비 S. R. 허시

*이것=미소

# 보디랭귀지를 놓치면 사람을 잃는다

동물들은 미세한 몸짓신호를 읽어내는 데 뛰어나다.
그것이 살아남는 방법이기 때문이다.
—데이비드 프리맨틀

온화한 표정의 여인이 남자의 어깨에 살포시 머리를 기대면서 이렇게 말한다. "당신이 미워." 남자는 이 말을 어떻게 해석할까? 인상을 쓴 아버지가 아들을 노려보면서 이렇게 소리친다. "아빠 이 세상에서 널 가장 사랑한단 말이야!" 아들은 아버지의 말을 어떻게 받아들일까?

실제로 대화에서 말의 내용은 얼마나 중요할까? 심리학자 앨버트 메러비언은 전체 의사소통의 7퍼센트만이 대화의 내용을 통해 이루어짐을 확인했다. 반면, 38퍼센트 정도는 음조나 억양 등 말투를 통해, 나머지 55퍼센트는 표정, 몸짓, 자세 등 시각적 요소로 전달된다. 따라서 커뮤니케이션의 93퍼센트는 말의 내용이 아니라 비언어적인 형태, 즉 말이 아닌 신체언어를 통해 전달된다.

표정이나 말의 억양으로 미루어 화를 참고 있는 모습이 역력한 데도 "난 화나지 않았어."라고 말한다면 사람들은 그의 말을 믿을까? 대부분 그의 말을 액면 그대로 받아들이지 않는다. 내면의 감정은 말보다 신체언어로 표현되는 경우가 더 많기 때문이다.

대인관계에서 주고받는 메시지, 특히 감정적 메시지는 90퍼센트 이상이 비언어적인 수단, 즉 신체언어에 의해 전달된다. 신체언어는 보여주고 싶은 감정뿐 아니라 감추고 싶은 감정까지 숨김없이 나타낸다. 그래서 누군가를 제대로 이해하려면 말뿐 아니라 그 사람의 신체언어를 파악해야 한다.


## 신체언어를 놓치면 관계가 악화된다

카리스마Charisma라는 말은 원래 '신의 은총'이라는 의미를 가진 그리스어에서 파생되었으며 신이 특별히 부여한 재능을 의미한다. 카리스마가 있는 사람들은 다음의 특성이 있다. 첫째, 사람들이 따르고 싶어하며 주변에 몰려든다. 둘째, 사람들이 그들에게 영향을 받고 싶어한다. 셋째, 어려운 상황에서 함께 있고 싶어한다.

어느 조직이건 카리스마를 가진 사람이 존재하며 그들은 대개 조직을 좌우하는 위치에 있다. 여러분도 그런 사람들을 알고 있을 것이다. 그들에게는 공통점이 있다. 하나는 다른 사람들의 신체언어를 민감하게 포착하는 동물적 감각을 갖고 있다는 것이고, 또 하나는 신체언어로 의사를 전달하는 능력이 탁월하다는 점이다.

다른 사람의 감정을 정확하게 파악하는 능력은 데이트나 육아와 같은 개인적인 일에서부터 세일즈, 비즈니스나 경영관리, 범죄수사, 정치까지 거의 모든 일에서의 성패를 좌우한다. 이 모든 일은 다른 사람들의 감정에 공감하는 능력과 관계가 있으며 공감이란 상대에 대한 감정을 정확하게 파악하는 능력이 전제되어야 가능하다.

다른 사람의 감정을 파악하는 기술의 핵심은 그 사람의 음조, 몸짓, 표정 등 신체언어를 정확하게 해독하는 능력이다. 비언어적인 감정인식 능력은 대인관계의 문제해결에 매우 중요한 기능을 갖는다. 특히 대인관계의 초기 단계에서 발생하는 문제는 대개 비언어적으로 표현된다. 그러므로 비언어적인 단서를 정확하게 포착할 수 있다면 문제가 악화되기 전에 조기에 해결책을 마련할 수 있다. 그러나 초기 단계의 문제를 눈치 채지 못하고 방치하면 관계는 점점 더 나빠진다.

## 눈치가 빠르면 절간에 가도 젓갈을 얻어먹는다

도무지 상황 파악을 하지 못하는 사람들이 많다. 그들은 낄 자리와 안 낄 자리를 구분하지 못한다. 딴전을 피우고 하품을 해대도 눈치 없이 자기 하고 싶은 얘기만 떠벌린다. 골프의 '골' 자도 모르는 사람 앞에서도 골프 얘기만 늘어놓는 사람들이 있다. 그들은 말로 설명해주지 않으면 다른 사람의 기분을 짐작하지 못한다. 자꾸 시계를 보거나 시선의 초점이 흐려진다면 상대는 무례하지 않게 당신의 말을 중단시킬 방법을 찾고 있을 가능성이 크다. 다른 사람의 신체언어를 읽지 못하고, 자신의 행동이 다른 사람에게 어떤 메시지를 전달하는지도 모르는 사람들은 어딜 가나 대접을 받지 못한다.

이들과는 달리 다른 사람들의 내면적인 감정이나 태도를 포착하는 능력이 뛰어난 사람들도 있다. 그들은 표정이나 시선 또는 자세 등의 비언어적 단서만으로 상대방의 의중을 읽어낸다. 그들은 다른 사람의 욕구에 민감하기 때문에 당연히 공감 능력이 뛰어나다는 평가를 받는다. 자기중심적이 아니라 타인중심적인 태도를 보인다. 그래서 그들은 어딜 가나 인기가 좋다.

심리학자 스나이더는 다른 사람들의 감정 상태와 다른 사람에게 자신이 어떤 모습으로 비치는지를 정확하게 파악하고, 상대나 상황에 맞게 자신의 행동을 적절하게 조절할 수 있는 능력을 '자기감찰Self-monitoring' 능력이라고 명명했다. 자기감찰 능력은 쉽게 말해 '눈치'라고 할 수 있다.

우리말 사전에서는 눈치를 '남의 생각이나 태도를 알아챌 수

있는 힘' 과 '속으로 생각하는 바가 자연히 겉으로 드러나는 어떤 태도' 라고 정의하고 있다. 그러므로 눈치가 빠르다는 것은 비언어적인 단서들을 포착해서 상대방의 내면 상태를 정확하게 파악하는 능력이라고 정리할 수 있다. "눈치가 빠르면 절간에 가도 젓갈을 얻어먹는다"는 속담은 비언어적인 커뮤니케이션 능력이 뛰어나면 다른 사람의 호감을 쉽게 살 수 있기 때문에 어딜 가나 대접을 받을 수 있음을 의미한다.

**자기감찰 능력이 뛰어난 사람은**

1. 상대의 내면 상태를 민감하게 포착한다.

2. 비언어적인 의사소통 기술이 뛰어나다.

3. 자신의 행동을 상황에 따라 적절히 조절할 수 있다.

## 비언어적 커뮤니케이션 능력, 이렇게 길러보라

하버드대학교 심리학과 교수 로버트 로젠탈 박사는 비언어적 커뮤니케이션 분야의 탁월한 연구자 중 한 사람이다. 그는 비언어적 감수성 프로파일 PONS Profile of Nonverbal Sensitivity 이란 검사를 개발해서 사람들의 비언어적 감정 파악 능력을 측정했다. 이 검사는 일련의 비디오테이프로 구성되어 있는데, 여기에는 질투로 격노한 모습, 용서를 구하는 모습, 감사를 표현하는 모습에서부터 유혹하는 모습 등이 포함되어 있다. 그는 사람들에게 목소리를 지우고 한두 가지 비언어적 단서들을 의도적으로 삭제, 편집한 화면을 보여주고, 화면의 주인공이 어떤 감정 상태인지를 찾아내게 했다.

미국을 포함한 18개국 총 7천여 명을 대상으로 검사를 한 결과, 정확하게 감정을 파악하는 사람들은 그렇지 못한 사람들에 비해 인기가 좋았고, 이성관계도 원만하고 감수성이 더 풍부한 것으로 나타났다.

1,011명의 아동들을 대상으로 한 연구에서도 감정인식 능력이 뛰어난 아이들은 그렇지 못한 아이들에 비해 정서적으로 더 안정되어 있었으며 친구들 사이에 인기가 더 좋았다. 뿐만 아니라 그들은 감정인식 능력이 뒤떨어지는 아이들에 비해 특별히 IQ가 더 높지 않은데도 학업 성적은 훨씬 더 뛰어났다. 다른 사람들의 감정을

정확하게 인식한다는 것이 인간관계뿐 아니라 학문적 및 직업적 성공에도 매우 중요하다.

비언어적 커뮤니케이션 능력을 높이려면 어떻게 해야 할까? 먼저 비언어적인 신체언어들의 종류를 찾아보고 그것들이 무엇을 전달하는지를 이해해야 한다. 내면 상태를 드러내는 비언어적 단서들은 주로 다음과 같다.

표정은 종족이나 성별에 상관없이 어떤 것보다도 많은 감정적 메시지를 전달한다. 시선 역시 많은 것을 전달한다. 응시 방향이나 응시 시간, 눈을 뜨는 정도에 따라 매우 다양한 메시지를 전달한다. 서성거림, 걷는 속도, 다리 떨기 등 다양한 방식의 움직임 역시 그 사람의 감정 상태와 성격을 나타낸다. 턱 괴기, 팔짱 끼기, 기울이기 등 머리·몸통·팔과 다리 등을 통한 자세도 그 사람의 태도를 전달한다. 신체적 거리와 신체 접촉 정도는 두 사람의 관계를 평가하는 중요한 수단이다. 목소리 크기, 억양, 속도, 리듬, 고저 역시 감정이나 성격을 판단하는 데 무시할 수 없는 중요한 단서가 된다.

비언어적인 커뮤니케이션 능력을 키우려면 신체언어들의 의미를 정확하게 파악하고 비언어적인 커뮤니케이션 능력이 뛰어난 사람과 그렇지 못한 사람을 비교해서 그 차이점을 찾아봐야 한다. 평소에도 다른 사람들의 대화 과정을 유심히 살펴보는 습관을 가져보자. 그리고 그들이 주고받는 비언어적 의사소통 과정을 예의 주시하면서 사람들이 감정이나 메시지를 어떤 방식으로 주고받는지 확인하자.

비언어적 의사소통 능력을 키우는 가장 효과적인 방법 중 하나는 자신과 다른 사람의 비언어적 대화 과정을 모니터하는 것이다. 비디오를 볼 때 소리를 줄여 신체언어만으로 주고받는 감정과 메시지를 추론해보자. 자신이 대화하는 모습을 비디오로 찍어서 스스로가 내보내는 비언어적 메시지를 검토하자.

다른 사람에게 쉽게 호감을 사는 사람은 확실히 비언어적 커뮤니케이션 기술이 남다르다. 여러분은 다른 사람들이 전달하는 비언어적 메시지를 얼마나 정확하게 파악할 수 있는가? 비언어적인 수단을 통해 전달하고자 하는 메시지를 얼마나 효과적으로 전하고 있는가?

Why 커뮤니케이션에서 왜 말의 내용보다 비언어적 신체언어가 더 중요한가? 나는 다른 사람의 비언어적 단서에 얼마나 민감하며 비언어적 전달 능력은 어느 정도인가?

What 알고 지내는 사람 중 상황 파악을 잘 못하고 눈치가 없는 사람을 떠올려보자. 무엇이 문제이며, 그것으로 그가 잃고 있는 것은 무엇인가?

How 말로 표현하지 않아도 내면을 정확하게 파악하고 자신의 행동을 적절하게 조절할 줄 아는 자기감찰 능력이 뛰어난 사람을 찾아보자. 그는 그것으로 무엇을 얻고 있는가?

# 보디랭귀지를 제대로 읽으려면

보디랭귀지를 제대로 읽으려면 비언어적인 메시지가 갖고 있는 다음과 같은 특징을 먼저 이해해야 한다.

**1 동시다발적으로 표현된다**  언어와 달리 동작이나 자세, 표정, 시선, 말투 등 다양한 채널의 메시지가 동시다발적으로 전달된다. 따라서 모든 단서들을 포착하지 못하면 의미를 정확히 파악할 수 없다.

**2 의도적인 통제가 어렵다**  보디랭귀지는 말이나 글에 비해 의도적으로 통제하기 어렵기 때문에 당사자의 내면심리를 더 많이 드러낸다. 보디랭귀지를 제대로 파악하면 숨기고 싶은 내용이나 부정적인 감정에 대해 더 많이 알 수 있다.

**3 모호하고 불분명하다**  비언어적인 메시지가 전달하는 메시지의 의미는 언어적인 메시지보다 모호하고 불분명하다. 그러므로 그 의미를 포착하기 위해서는 여러 가지 단서들을 고려해야 하며 신중하게 해석해야 한다.

**4 진심을 전달한다**  말과 보디랭귀지가 일치하지 않는 경우가 많은데, 그런 경우 말보다 보디랭귀지가 그 사람의 진심을 더 많이 반영한다. 예컨대, '화 나지 않았다'고 말하면서 '눈살을 찌푸린다'면 그는 화가 나 있는 것이다.

**5 내면의 감정을 표현한다**  긍정적이든 부정적이든 감정은 언어보다 비언어적인 메시지에 의해 더 많이 전달된다. 어떤 사람의 내면 감정을 제대로 파악하려면 말이 아니라 보디랭귀지를 정확하게 읽을 수 있어야 한다.

끌림을
유지하는
1%의 차이

# 2 관계의 발전

Developing Relationship

　자신을 잘 표현한 문항에 ∨를 표시하고 체크한 문항 수를 더해 맨 아래 총점란에 기입해보자.

01  나 자신을 사랑하고 누굴 만나든 당당하게 행동한다 ·····················□

02  의견이 달라도 차이를 인정하고 입장 바꿔 생각한다 ·····················□

03  잘 들어주는 편이라 누구든 나와 대화하기를 좋아한다 ················□

04  하는 일이 다른 사람을 만나도 쉽게 공통분모를 찾아낸다 ············□

05  잘난 체하기보다는 진솔하게 단점을 드러내는 편이다 ················□

06  아랫사람에게도 모르면 모른다고 말하고 도움을 요청한다 ··········□

07  문제가 생겨도 남을 탓하거나 투덜거리지 않는다 ·····················□

08  아무리 나쁜 일이라도 그 속에서 좋은 점을 찾아낸다 ·················□

09  험담을 하지 않는 편이며 뒷담화에 말려들지 않는다 ·················□

10  사람들에게 자연스럽고 기분 좋게 호감을 전달할 수 있다 ············□

총점 : ＿＿＿＿＿＿＿

**〈결과 해석〉**

**8~10점**  원하기만 하면 누구와도 친밀한 관계를 형성할 수 있다. 당신은 이 책의 2부를 읽을 필요가 없다. 친밀한 관계를 오랫동안 지속하고 싶다면 3부를 읽어보라.

**4~7점**  첫 만남의 호감을 친밀관계로 발전시킬 수 있는 여러 가지 호감 요인을 갖고 있다. 2부를 꼼꼼히 읽고 조금만 더 부족한 점을 찾아 보완할 수 있는 방법을 연구하라.

**0~3점**  첫 만남에서 호감을 살 수 있다 해도 친밀관계로 발전시키는 데는 문제가 있다. 그러나 지금까지의 태도를 검토하고 더 효과적인 해결책을 찾아 변화를 시도하면 지금이라도 늦지 않다.

# 나는 왜
# 나를 사랑해야 하는가



"나는 왜 이 모양일까?" "내가 봐도 나는 한심해."

문제가 생기면 온갖 방법을 동원해 자신을 힐난하는 나쁜 습관을 갖고 있는 사람들이 많다. 그들에게 소개팅을 권하면 이렇게 말한다. "나 같은 사람을 누가 좋아하겠어." 취업에 실패하면 그들은 이렇게 중얼거린다. "내가 하는 일이 그렇지 뭐." 거울을 보면서 이렇게 투덜거린다. "매력이라곤 눈곱만큼도 없군." 다른 사람들이 아무리 칭찬을 해도 이런 사람에게는 효과가 없다.

## 자기비하, 이래서 유지되고 저래서 싫어진다

사람들은 왜 자기를 비하하고 비난할까? 몇 가지 이유가 있다. 우선 자기를 비하하거나 침울한 모습을 보이면 다른 사람들에게 측은지심을 유발시켜 관심을 끌고 동정을 받을 수 있다. 자신을 가련한 모습으로 드러내면 다른 사람들의 기대수준을 낮추고 무리한 요구를 받지 않아도 된다. 또 자신을 비하할 때 다른 사람들이 그것을 부정하고 격려해주면 스스로 부족하게 느꼈던 자신감이 회복되는 느낌을 경험할 수도 있다.

그렇다면 정말 다른 사람들의 관심과 격려를 계속해서 받을 수 있을까? 물론 한동안은 그럴 수 있다. 하지만 자기연민이나 자기비하가 계속되면 사람들은 그를 기피할 것이다. 거기에는 몇 가지 이유가 있다.

### 자기연민의 주인공, 이래서 기피한다

1. 관심을 기울여줘야 하므로 에너지가 소모된다.

2. 같이 있으면 부정적 감정이 전염되어 불쾌해진다.

3. 그런 사람과 오래 지내면 별로 얻을 것이 없다.

결과적으로 처음에는 관심을 가져주던 사람들도 점차 그를 멀리하게 된다. 그래서 그들은 더욱더 우울해지고, 그럴수록 사람들이 기피하게 되는 악순환의 고리가 생긴다. 이처럼 처음에는 다른 사람의 위로와 격려 같은 보상을 받기 위해 시작된 자기비하의 행동이 다른 사람들을 짜증나게 하고 그로 인해 보상이 오히려 감소되어 우울증을 겪게 된다는 심리학 이론을 '보상감소 이론Reward Reduction Theory' 이라고 한다.

## 사람들은 스스로를 좋아하는 사람을 좋아한다

자기 자신보다 다른 사람에게 더 친절해야 한다고 생각하는 사람들이 많다. 하지만 그것은 잘못된 생각이다. 자기에게 친절하지 못한 사람은 결코 다른 사람에게도 친절할 수 없기 때문이다.

자신에게 불만이 많으면 세상이 못마땅하게 느껴진다. 반면 스스로에게 만족하고 기분이 좋으면 다른 사람들에게도 너그러워진다. 세상은 자기 자신을 비추는 거울이다. 다른 사람들이 우리에게 보여주는 태도는 자신에 대한 우리의 태도를 거울처럼 그대로 보여준다.

우리를 대하는 다른 사람들의 태도가 마음에 들지 않는다면 먼저, 우리가 자신을 어떻게 대하고 있는지를 살펴봐야 한다. 누군가가 우리를 함부로 대한다면 그 책임의 일부는 우리 자신에게 있다.

《성경》에 "네 이웃을 네 몸과 같이 사랑하라."는 말이 있다. 나는 이 말 속에는 자신을 사랑해야 함이 전제되고, '다른 사람을 사랑하고 그리하여 다른 사람으로부터 사랑을 받으려면 우선 자기 자신부터 사랑하라' 는 의미가 내포되어 있다고 생각한다.

많은 사람들은 어떻게 하면 사람들이 자신을 좋아하게 만들 수 있는지 그 방법을 배우고 싶어한다. 하지만 사람들에게 사랑받고 싶다면, 자기 자신을 사랑하는 법을 먼저 배워야 한다. 세상에서 자기 자신이 친 덫만큼 끔찍한 덫은 없으며 열등감이나 자기연민만큼 관계를 가로막는 장벽은 없다.

계속해서 스스로를 불쌍하게 여긴다면 정말로 불쌍한 사람이 되고 만다. 하지만 언제 어디서든 스스로를 사랑스럽게 여긴다면 정말로 사랑받는 사람이 된다.

## 자기도취와 자기애, 이런 점이 다르다

다른 사람을 사랑하기 전에 자기를 먼저 사랑하라고 말하면 거부감을 느끼는 사람들이 많다. 아마도 자기도취Narcissism와 진정한 자기애Self-Love를 혼동하기 때문일 것이다.

자기도취에 빠진 사람들은 자신의 능력이나 외모, 업적을 과시하고 과대평가하는 반면 다른 사람들을 과소평가한다. 최고의 찬사와 특별대우를 받기를 원하며 그렇지 못하면 쉽게 실망하고 분노한다. 늘 다른 사람과 비교하고 다른 사람이 잘되면 시기하고 그를 비하한다. 왜냐하면 그들은 진정한 자기애가 없기 때문이다. 자기애가 부족한 사람들이 나타내는 몇 가지 행동 패턴이 있다.

- 허풍이나 과장 : 자신에 대한 사랑이 부족한 사람은 능력, 배경, 지식, 돈을 과시해 다른 사람의 인정을 받으려 한다.

- 헐뜯기 : 자신이 무가치하다고 생각하면 그것을 인정하는 것이 괴롭기 때문에 그 대신 다른 사람의 허물을 찾아 헐뜯는다.

- 정당화와 변명 : 자신이 틀렸음을 인정하는 것은 너무나 괴로운 일이기 때문에 기를 쓰고 과오를 정당화하고 변명한다.

• **외톨이와 삐지기** : 관계를 맺으면서 마음의 상처를 받는 것보다 혼자 있는 것이 더 편하기 때문에 관계를 회피한다.

• **전천후 천사** : 타인의 인정이나 애정에 목말라 자신이 추구하는 가치와 상관없이 원하지 않는 요구도 거절하지 못한다.

• **냉소적 태도와 불신** : 자기 가치를 느끼지 못하는 사람은 다른 사람도 믿을 수 없다고 생각하므로 다른 사람에 대한 냉소적인 태도와 불신감을 쉽게 드러낸다.

이런 행동을 보이는 사람들의 공통점이 있다. 정작 본인은 이런 행동이 자기애의 결핍 때문이라는 사실을 모른다는 것이다.

반면, 자기애가 깊은 사람들은 자신에게 이미 만족하고 있기 때문에 자신을 과장해서 과시할 필요를 느끼지 못한다. 다른 사람의 평가에 연연하지도 않는다. 자기보다 뛰어난 사람을 만나도 자신의 무능함과 연결시키지 않는다. 시기심을 느끼지 않기 때문에 칭찬에 인색하지도 않다. 자기보다 못한 사람을 만나도 비하하지 않고 나름대로의 가치를 인정한다. 그들은 혼자서도 불안해하지 않고 시간을 잘 보낸다. 자기에 대한 긍지, 즉 자긍심Self-Esteem이 높고 자기와 함께 있는 것이 행복하기 때문이다.

만나는 것 자체로 즐거운 사람들이 있다. 자긍심이 높고 진정으로 스스로를 좋아할 수 있는 사람이다. 교만하지 않으면서도 자신감이 넘치고 당당한 사람들을 만나면 우리 자신도 덩달아 기분이 좋아진다.

## 자기연민을 버리고 자기를 먼저 사랑하자

나는 《오체불만족》의 주인공 오토다케 같은 사람을 좋아한다. 팔다리가 없지만 자기를 가엾게 여기지 않기 때문이다. 그는 활짝 웃으며 이렇게 말한다. "장애가 있긴 하지만 나는 인생이 즐거워요." 사람들이 스티븐 호킹 박사를 좋아하는 이유는 그가 금세기 최고의 물리학자이기 때문만은 아니다. 걷지도 말하지도 쓰지도 못하는 루게릭이라는 병에 시달리면서도 자기를 불쌍하게 여기지 않기 때문이다.

그들은 자기애가 강하고 당당하며 마이너스 쪽이 아니라 플러스 쪽을 바라본다. 플러스 쪽을 바라보려면, 먼저 자기 자신을 긍정적으로 봐야 한다. 자신에 대한 태도를 긍정적으로 바꾸면 행동이 달라지고, 행동이 달라지면 그에 대한 세상의 반응도 달라진다

우리를 진흙탕에 처박을 수 있는 사람도, 거기서 일으켜 세울 수 있는 사람도 우리 자신이다. 그러니 누구보다 먼저 자기 자신을 사랑해야 한다. 그것이 좋은 관계의 지름길이며 성공과 행복의 비결이다.

열등감과 자기연민에 빠져 있는 사람들은 찡그린 표정에 항상 심각하고 잘 웃지도 않는다. 행동이 느리며 한숨을 자주 쉬고 목소리가 침울하다. 신세를 한탄하며 이렇게 중얼거린다. "이놈의 세상." "안 될 걸 뭣 하러 해?" "누가 날 좋아하겠어?" "왜 사는지 모르겠다." 그들은 세상과 사람들에게 호기심이 없으면서도 혼자 있으면 불안해한다. 이런 사람들을 보고 있으면 보는 사람 역시 짜증이 난다.

반면, 자기애로 충만한 사람들은 표정에 미소를 띠고 있다. 행동이 민첩하고 목소리도 명랑하다. 매사에 감사하며 이렇게 말한다. "살 만한 세상이야." "안 되면 어때?" "난 내가 제일 좋아." "사는 것 자체가 즐거워." 그들은 호기심이 많으며 혼자서도 잘 논다. 그들을 만나면 재미있고 괜스레 기분이 좋아진다.

다른 사람과 잘 지내고 싶다면 먼저 자신과 친해야 한다. 사랑받기를 원한다면 먼저 자기를 사랑해야 한다. 자기 자신과 평화롭게 지내지 못하는 사람은 다른 사람과도 평화롭게 지낼 수 없다. 자기를 중요하게 여기고 사랑自重自愛하지 못하면서 어떻게 자기 안의 재능을 찾고 어떻게 신바람나게 일할 수 있겠는가? 그런 사람이 어떻게 다른 사람을 격려하고 고무시킬 수 있겠는가? 세상에 대한 사랑이나 세상으로부터 받는 사랑은 항상 자기에 대한 사랑에서 나온다.

Why 진정한 자기애가 없으면 왜 다른 사람으로부터도 사랑받기 어려운가? 주변에서 실제 사례를 찾아보자.

What 스스로를 비하시키는 혼잣말을 찾아보자. (예 : '난 안 돼', '그들은 달라') 대신 그 말을 자기애를 높일 수 있는 말 (예 : '왜 안 돼?', '내가 뭐 어때서?')로 바꿔보자.

How 자기와 평화롭게 있는 시간을 만들자. 일부러 혼자 구내식당이나 근사한 레스토랑에 가서 자기 자신하고만 식사를 즐기는 시간을 가져보자.

# 자기애를 증진시키는 법 7가지

**1  자신의 실수를 관대하게 대한다**  자신을 용서해보지 못한 사람은 다른 사람도 용서할 수 없다.

**2  있는 그대로를 수용한다**  자신의 한계를 수용하지 못하면 다른 사람의 단점도 수용할 수 없다.

**3  거울을 보고 미소를 지어본다**  자신을 보고 웃지 못하면 다른 사람 앞에서도 진정으로 미소 지을 수 없다.

**4  자기 안의 가능성을 찾아본다**  자기 잠재력을 못 찾으면 다른 사람의 가능성도 찾을 수 없다.

**5  혼자서 밥을 먹어본다**  자신과 평화로운 관계를 맺지 못하면 남하고도 평화로울 수 없다.

**6  사소한 일에도 스스로 칭찬하고 보상한다**  자신을 칭찬하지 못하면 다른 사람도 진심으로 칭찬할 수 없다.

**7  내 안의 감사할 일을 찾아본다**  자신에 대한 감사가 없다면 세상에 대한 감사도 없다.

# 다름을 인정하면 공감이 쉬워진다



"피어싱은 날라리들이나 하는 거야." "어쩌면 저렇게 유치한 영화를 좋아할까?" 사람들과 사람 사이의 갈등은 이렇게 시작된다. 자기와 생각이나 취향이 다른 것을 나쁜 것으로 보기 때문이다. 내가 아는 어떤 부부는 "당신은 드라마가 그렇게도 좋아?"라고 아내에게 던진 남편의 밀 한마디 때문에 한바탕 부부싸움을 하고 그로 인해 며칠 동안이나 냉전이 계속되었다.

## 다른 것=나쁜 것?

자기와 다른 의견을 보이면 자동적으로 반감을 느끼고 반사적으로 공격 자세를 취하는 사람들이 많다. 그들은 자신과 다른 의견을 나쁜 것으로 몰아붙이고 그것을 자신에 대한 도전이나 비난으로 간주한다.

인간관계에서 일어나는 대부분의 갈등은 '다른 것=나쁜 것' 이라는 생각에서 비롯된다. 부부간의 갈등에서부터 노사문제, 인종차별, 종교분쟁 등 인간관계에서 나타나는 대부분의 갈등은 차이를 '나쁜 것' 으로 보는 데서 시작된다.

사람들이 서로의 입장을 이해하기 어려운 이유는 같은 사물을

보고도 각기 다르게 해석하기 때문이다. 서로 다르게 해석하는 이유는 각자의 경험과 욕구가 다르기 때문이다. 같은 사물도 사람에 따라 다르게 인식된다는 사실을 깨닫지 못하면 바로 그때부터 관계에 금이 가기 시작한다.

아들은 피어싱을 하고, 엄마는 그것을 말린다. 어느 쪽도 틀린 것이 아니다. 단지 취향이 다르고 관점이 다를 뿐이다. 아내는 드라마를 좋아하고 남편은 다큐멘터리를 좋아한다. 아내의 선택에는 아무런 잘못이 없다. 남편과 다른 것에서 즐거움을 찾을 뿐이다.

전 세계 인구 중 똑같이 생긴 사람은 단 한 명도 없다. 생김새가 다르듯 생각도 모두 다르다. 타고난 자질뿐 아니라 경험이 다르기 때문이다. 세 명의 친구가 똑같은 사물을 보고 있어도 모두 다른 방식으로 그 사물을 파악한다. 각자의 필터로 정보를 걸러내기 때문이다.

인간관계의 갈등을 줄이고 원만한 관계를 유지하기 위해서는 무엇보다 먼저 '사람들은 모두 다르다' 는 사실을 인정해야 한다. 그리고 머릿속에서 '나른 것=나쁜 것' 이라는 공식을 삭제해야 한다. 어떤 유형의 갈등도 상대방의 입장에서 이해하려고 노력하면 해결의 실마리가 보인다.

## 옳은 말 하는 사람보다 이해해주는 사람이 좋다

자녀들이 말을 듣지 않을 때 부모들은 이렇게 말한다. "내가 뭐 틀린 말 했니?" "다 너 잘되라고 하는 말이야!" 부모들이 자주 하는 말은 대개 아이들에게 필요한 말들이다. 그런데도 아이들은 그런 말을 듣기 싫어한다. 아이들은 왜 그런 말에 거부감을 느낄까?

사람들은 옳은 말을 하는 사람보다 자신을 이해해주는 사람을 더 좋아한다. 자기를 이해해주는 사람이라면 그가 무슨 말을 하든 그 말을 받아들이려고 노력한다. 하지만 자기를 이해하지 못하는 사람이라면 아무리 옳은 말이라도 그의 말을 듣지 않으려 한다. 그것이 인지상정이다.

훌륭한 교사, 존경받는 리더, 따르고 싶은 부모는 모두 공통점이 있다. 그들은 공감Empathy 능력이 뛰어나다. 'empathy'는 그리스어 'empatheia'에 어원을 두고 있다. 이 단어는 '안in'이라는 의미를 갖는 접두사 'em'과 느낌feeling이라는 의미의 'pathos'가 합쳐져 그 사람의 느낌 속으로 들어간다는 의미를 갖고 있다.

인간관계의 갈등을 해결하려면 먼저 상대방의 입장에서 그가 왜 그렇게밖에 할 수 없었는지를 곰곰이 생각해보는 시간을 가져야 한다. 모든 행동에는 반드시 존재의 이유가 있다.

일찍이 공자는 원만한 인간관계의 황금률로 상대방의 처지에서 생각해보는 '역지사지易地思之'를 들었으며 모든 관계의 갈등은 역지사지의 부족에서 생긴다고 설파했다.

차이를 인정하고 입장을 바꿔 생각할 줄 아는 사람은 다른 사람의 지지를 쉽게 끌어낸다. 상대방의 눈을 통해 세상을 바라볼 수 없다면 누구와도 원만한 관계를 형성할 수 없다. 서로의 차이를 인정하지 않으면 오해가 싹튼다. 그런 오해가 갈등의 원인으로 작용한다. 하지만 차이를 인정하면 이해가 싹트고 갈등이 사라진다. 누군가를 사랑한다는 것은 있는 그대로를 인정해주는 것이다.

## 화난 고객을 평생 친구로 만들다

어떤 일로 화가 난다면 진짜 이유는 그 일 자체보다 상대방이 보인 태도 때문인 경우가 많다. 상대방이 이해하려는 노력을 하지 않았거나 존중받지 못했다고 생각할 때 사람들은 화를 낸다. 이해받고 존중받는 것은 인간의 기본적인 욕구이기 때문이다.

제품에 불만을 갖고 화를 내는 고객에게 객관적인 사실을 열거해 논리적으로 설명하는 것은 화를 누그러뜨리는 데 별로 도움이 되지 않는다. 무엇보다 먼저 그를 이해하고 존중하고 있다는 것을 보여줘야 한다. 자신이 틀리지 않았다는 것을 증명할 때도 상대로 하여금 그가 틀렸다고 느끼지 않게 해야 한다. 그의 말에 귀를 기울이고 그의 입장을 이해하고 있음을 보여주면 대개는 화를 누그러뜨린다.

"손님께서 왜 화를 내시는지 충분히 이해합니다. 여기까지 오시게 해서 죄송합니다. 최선을 다해 처리해보겠습니다." 자신의 입장을 이해해주면서 문제를 해결하기 위해 노력하는 직원에게 계속 고래고래 소리를 지를 수는 없다. 직원이 자신을 도와줄 의도를 갖고 최선을 다한다고 판단되면 고객들은 대개 문제가 해결되기도 전에 화를 누그러뜨린다. 존중받고 있다고 생각하면 더 이상 화를 내기 힘들기 때문이다.

> **화가 난 고객을 대할 때는**
>
> 1. 화내는 것이 나에 대한 증오 때문이 아님을 깨닫는다.
>
> 2. 고객의 입장에서 그의 분노 감정을 수용하고 공감한다.
>
> 3. 상대를 존중하고 최선을 다하는 모습을 보여준다.

세계적인 모직물 회사 데트마가 설립된 지 얼마 안 됐을 때의 일이다. 초대 사장인 줄리아 F. 데트마의 사무실에 한 사람이 찾아와 불같이 화를 냈다. 회사에서 보낸 15달러에 대한 독촉장 때문이었다. 확인 결과, 데트마는 회사에 잘못이 없음을 알아냈다.

하지만 데트마는 그 사람을 정중하게 대하면서 이렇게 말했다. "당신의 기분을 이해합니다. 제가 당신의 입장이라도 똑같이 했을 겁니다." 그 사람이 앞으로는 데트마의 물건을 구입하지 않겠다고 하자 그는 다른 회사를 소개해주겠다는 약속까지 했다. 얼마 후 그 고객은 전에 없이 많은 액수의 주문을 했다.

기분 좋게 돌아간 그는 독촉장에 적힌 15달러의 지불 여부를 다시 한번 꼼꼼하게 알아보았다. 그리고 그 돈을 아직 지불하지 않았다는 사실을 확인했다. 그는 정중하게 사과하면서 그 돈을 송금했다. 그가 세상을 떠날 때까지 25년간이나 두 사람은 중요한 단골고객이자 절친한 친구로 지냈다.

Why 인간관계의 모든 갈등은 '다른 것 = 나쁜 것' 이라는 생각에서 출발한다. 나와 다르다는 것 때문에 사이가 좋지 않은 사람 한 명을 떠올려보자. 그가 싫은 구체적인 이유를 찾아보자.

What 그가 그렇게 할 수밖에 없었던 이유들을 그의 입장에서 찾아보고, 공감한 내용을 전할 방법을 찾아보자.

How 차이를 인정하고 그의 입장에서 공감했던 내용을 전한다면 그의 태도와 행동은 어떻게 달라질까?

# 차이를 좁히고 이해를 넓히는 7가지 단계

**1 갈등의 필연성을 인정한다** 인간관계에서 갈등은 필연적이며 모든 갈등은 차이에서 비롯된다는 사실을 받아들인다.

**2 차이에서 좋은 점을 찾아본다** 세상은 서로 다른 7음계와 7가지 색이 서로를 간섭하지 않고 조화를 이루기 때문에 아름답다.

**3 문제가 되는 사람 한 명을 선택한다** 최근 다르다는 것 때문에 갈등을 겪고 있는 사람 한 명을 찾아본다.

**4 차이점을 구체적으로 찾아본다** 나와 다르다는 것 때문에 나쁘다고 생각되는 그의 생각이나 행동 한 가지를 선택한다.

**5 흑백 논리로 판단하지 않는다** '옳다' '그르다' 는 식의 흑백논리로 판단하기보다 상대의 관점에서 다를 수밖에 없는 이유를 찾아본다.

**6 그가 바라는 바를 찾아본다** 그의 입장에서 그가 나에게 바라는 바가 무엇인지 찾아, 내가 그에게 바라는 것과 비교해본다.

**7 공통점을 찾아 감정을 표현한다** 상대를 핀단하기보나 공통점을 찾아보고 공통점을 기반으로 자신의 의견이나 감정을 표현한다.

# 사람을 움직이는
# 가장 간단한 법칙 1:2:3



"선생님, 고민이 있습니다. 내성적이라 그런지 저는 다른 사람들과 함께 있으면 무슨 말을 해야 할지 몰라 입이 떨어지지 않습니다. 그래서 여자친구를 사귀기 힘들고, 회의에서도 무슨 얘기를 해야 할지 몰라 전전긍긍하게 됩니다. 대인관계나 직장생활을 원만하게 하기 위해 말을 잘하고 싶습니다. 어떻게 해야 하나요?"

어떤 독자가 보낸 메일의 일부 내용이다. 의외로 말주변이 없다고 고민하는 사람들이 많다. 그들은 누군가를 만나면 억지로라도 화제를 찾아 대화를 주도해야 된다고 생각한다. 그래서 고심 끝에 말을 꺼내보지만 상대방의 반응이 시큰둥하면 크게 상처를 받고 더욱 더 위축된다.

할 말이 특별히 없을 때, 억지로 화제를 찾아내려고 초조해할 필요는 없다. 그럴 때는 들어주는 쪽을 선택하면 된다.


## 사람을 움직이는 것은 입이 아니라 귀다

대인관계에 문제가 있다고 생각하는 사람들 중 상당수는 자신이 말을 잘 못하는 것이 그 이유라고 생각한다. 그러나 그것은 틀린 생각이다. 관계의 문제는 말을 못해서가 아니라 제대로 듣지 못해서 생기는 경우가 훨씬 더 많다.

말을 잘하는 사람은 누구에게나 부러움의 대상이 된다. 하지만 부러워한다고 해서 그 사람을 반드시 좋아하는 것은 아니다. 오히려 부럽다는 것 때문에 질시의 대상이 되기도 하고 그 사람에게 거리감을 느끼기도 한다.

사람들은 말을 잘하는 사람보다 잘 들어주는 사람을 더 좋아한다. 같은 부탁이라도 자기 말을 잘 들어주는 사람의 요구를 더 잘 들어준다. 왜 사람들은 자기의 말에 귀를 기울여주는 사람들을 좋아하고 그 사람의 요구를 더 잘 들어줄까?

성서적인 카타르시스Catharsis가 되기 때문이다. 누군가 진지하게 자신의 이야기를 들어주면 슬픔이나 분노감이 해소되고 마음

이 후련해진다. 또한 존중받고 이해받는다는 느낌이 들기 때문에 그런 사람을 좋아한다. 그리고 최선을 다해 들어주는 사람에게는 반항할 구실이 없기 때문에 반발심이 생기지도 않는다.

사람들의 마음 문을 열게 하려면 먼저 자신의 귀를 활짝 열어놓아야 한다. 사람을 움직이는 힘은 입이 아니라 귀에서 나온다. 그래서 카운슬러들은 수련과정에서 말하는 것보다는 제대로 듣는 법을 더 먼저 배운다.

## 다른 사람의 말을 귀담아듣기 어려운 이유

남의 말에 귀를 기울이는 것이 중요하다는 것을 잘 아는 사람들도 막상 대화를 시작하면 상대방의 말을 귀담아듣지 못한다. 거기에는 몇 가지 이유가 있다.

첫째, 귀를 기울이기 위해서는 많은 에너지와 집중력을 투자해야 한다. 특히 관심이 없는 주제라면 집중해서 듣기가 매우 어렵다. 둘째, 말을 많이 해야 인정을 받을 수 있다고 생각해서 자기가 할 말을 생각하는 데 급급하기 때문이다. 셋째, 상대를 잘 파악하고 있으므로 듣지 않고도 무슨 말이 나올지 잘 알고 있다는 선입견을 갖고 있기 때문이다. 넷째, 경청하는 것을 배울 기회가 없었기 때문이다. 대부분의 사람들은 학교에서나 집에서 읽고 쓰는 것은 배우지만 다른 사람의 말을 제대로 듣는 방법은 훈련받지 못했다.

"내 남편(아내)은 제 말에 귀를 기울이지 않아요."

갈등을 겪고 있는 부부들을 상담할 때 흔히 듣게 되는 불평이다. 가까운 사이일수록 사람들은 '척하면 삼천리'라며 듣지 않고도 상대를 파악할 수 있다고 생각한다. 그래서 더 귀를 기울이지 않는다. 하지만 귀를 기울이다 보면 서로에 대해 너무 많은 것을 모르고 있다는 사실을 알게 된다. 다른 사람의 말에 귀를 기울이지 않으면 정보뿐 아니라 사람까지 잃게 된다.


## 잘 들어주면 더 많은 것을 얻게 된다

사람들이 다른 사람들의 말에 주의를 기울이지 않는 또 다른 이유는 들어주기만 하면 자기에게 돌아오는 이득이 없다고 생각하기 때문이다. 하지만 말하는 대신, 들어주기를 선택하면 오히려 더 많은 혜택이 돌아온다.

상대방의 말에 귀를 기울이면 그 사람 역시 내 말을 잘 들어준다. 받는 대로 갚는다는 '상호성의 원리Reciprocity Principle'가 작동되기 때문이다. 또 귀를 기울여 듣다 보면 더 많은 정보를 얻게 된다. 상대의 말에 주의를 기울이면서 질문을 하게 되면 여태까지 몰랐던 많은 사실을 알게 된다. 귀담아듣게 되면 종종 적절한 질문을 할 수 있게 되고, 적절한 질문을 하면 현명하게 보일 수 있다. 또 말을 하는 데 열중하다 보면 실수를 할 가능성이 많지만 열심히 듣게 되면 그만큼 실수를 할 가능성이 줄어든다.

징기스칸은 배운 게 없어 이름도 쓸 줄 몰랐지만 항상 남의 말에 귀를 기울였다. 세계를 정복한 그는 '내 귀가 나를 현명하게 가르쳤다'고 말했다. 탁월한 리더들은 말을 아끼는 대신 주로 귀를 기울이고 질문을 많이 한다. 그들은 혼자서 떠들면 문제해결을 위한 정보를 얻을 수 없다는 사실을 잘 안다. 누군가를 더 잘 이해하고 그와 더 좋은 관계를 유지하고 싶다면 말을 하는 것보다 두 배는 더 많이 들어야 한다. 그래서 입은 하나지만 귀는 두 개가 있다. 언제 입을 다물고 있어야 하는지를 아는 것은 우리가 인생에서 배워야 할 가장 중요한 일 중 하나다.

그런데도 어디서든 자기 말을 더 많이 듣고 싶어하는 사람들이 있다. 우리가 하는 말을 듣고 있는 바로 그 순간엔 상대방의 목소리를 들을 수 없다. 대화를 하면서 가장 자주 듣는 목소리가 자신의 것이라면 그것을 통해 잃는 것이 무엇인지 냉정하게 생각해봐야 한다. ‘세상은 말을 잘하는 사람보다 잘 듣는 사람을 더 사랑한다’ 는 격언은 백 번 들어도 지당한 말이다.

## 도중에 끼어들지 말고 끝까지 들어보자

부부싸움이 쉽게 끝나지 않는 이유 중 하나는 상대방이 말을 자르고 도중에 끼어들기 때문이다. 도중에 끼어들면 부부싸움이 일어난 원인보다 말이 잘렸다는 것 때문에 더 화가 난다. 무시당했다는 생각이 들기 때문이다. 상대방의 말을 자르지 않고 이야기를 끝까지 들어주면 의외로 문제가 쉽게 풀린다.

상담을 하고 그것을 가르치는 나 역시 아내와 다투게 되면 도중에 끼어드는 경우가 많다. 싸움이 쉽게 끝나지 않는 이유를 곰곰이 생각해보니 가장 큰 문제는 우리 둘 다 서로의 이야기를 끝까지 듣지 않는다는 것이있다. 그래서 한 번은 누가 먼저 말할 것인지를 정하자고 아내에게 제안했다. 그리고 먼저 말하기로 한 사람이 다 할 때까지 절대로 말을 자르지 않고 경청해보자고 제안했다. 물론 아내도 동의했다.

우리는 조용한 카페로 자리를 옮겼다. 아내가 먼저 이야기를 꺼내기 시작했다. 30여 분이 지나자 더 이상 할 이야기가 없다고 말했다. 중간에 끼어들 때는 몇 시간을 끌고도 결말이 나지 않았는데, 정말 놀라웠다. 얘기를 다 듣고 난 다음에 내가 이해하지 못했던 부분에 대해 '미안하다'고 사과했다.

그리고 아내에게 이번에는 내가 말해도 되겠냐고 물었다. 그러자 아내는 지금은 듣고 싶지 않다고 말했다. 나는 그 말을 받아들이기로 했다. 우리는 그 문제를 갖고 나중에 다시 이야기를 했을까? 아니, 할 필요가 없었다. 아내는 하고 싶은 말을 다 한 것으로 기분이 풀렸고 나는 아내에 대해 내가 이해하지 못한 부분이 많다는 사실을 깨달았기 때문이다. 잘 들어주면 의외로 짧은 시간에 문제가 해결된다. 우리는 이것을 '경청게임'이라 부른다.

**대화의 원칙 ─ 1 : 2 : 3**

1. 1분 동안 말을 했다면,

2. 그 두 배인 2분 동안은 귀를 기울여 듣고,

3. 그 2분 동안에 최소한 세 번은 맞장구를 치자.

## 적절한 맞장구는 대화의 윤활유

군대시절 무용담을 자랑스럽게 얘기하고 있는데 여자가 가만히 듣고만 있다면? 남자들은 '내 얘기가 재미없는 것은 아닌가?' 하며 불안해하거나 머쓱해하면서 눈치를 살필 것이다. 잘 들어준다고 해서 아무 반응 없이 그냥 듣기만 해서는 안 된다. 반응 없는 상대와 얘기하는 것처럼 맥 빠지는 일이 없기 때문이다. 흥미를 갖고 열심히 듣고 있다는 메시지를 전달하는 것은 좋은 대화의 필수 요소다. 상대방에게 혼자만 떠든다는 느낌을 갖게 하는 것은 결코 좋은 대화 자세가 아니다. 잘 들으려면 적절하게 맞장구를 쳐야 한다. 맞장구는 대화의 윤활유다.

'맞장구를 친다'는 말은 원래 풍물놀이에서 서로 주거니 받거니 하며 장단을 맞춰 장구를 치는 것을 말한다. 이 말의 뜻이 변형되어 다른 사람의 말에 덩달아 호응하거나 동의하는 표현으로 더 많이 사용되는데, 이는 맞장구를 치려면 서로의 생각이나 호흡까지도 잘 맞아야 한다는 데서 유래했다. 풍물놀이의 맞장구는 신명을 돋우고, 대화 중의 맞장구는 대화의 분위기를 고조시킨다.

"네." "그래요?" "정말?" "맞아요." "나도 그래요." "대단하다!" "우아!" 눈을 동그랗게 뜨면서 또는 고개를 위아래로 끄덕이면서, 때로는 좌우로 갸우뚱거리면서 치는 맞장구는 말하는 사람을 기분 좋게 만드는 최고의 수단이다. 지혜로운 질문 역시 훌륭한 맞장구다. 자랑스럽게 생각하고 있는 주제, 즐겁게 대답할 수 있는 내용을 질문하는 사람은 누구에게나 호감을 산다. 사람들은 자기가 좋아하는 화제를 꺼내면 누구나 수다스러워진다. 그리고 그렇게 해주는 사람을 좋아한다. 자신에게 흥미를 갖게 하려면 먼저 상대방에게 흥미를 가져야 한다.

경청과 맞장구 치기는 일대일의 대화뿐 아니라 논문 발표회 같은 공개석상에서 곤란한 질문을 받았을 때도 유감없이 위력을 발휘한다. 대답하기 곤란한 질문을 받으면 진땀 흘리며 답을 찾는 대신 조용히 경청한 다음 진지하게 맞장구를 치면 된다. 실제로 질문하는 사람들 중에는 발표자의 답변을 듣기보다 자기의 지식을 과시하기 위해 질문을 하는 경우가 더 많다. 그럴 때 질문자는 발표자의 답변을 기대하지 않는다.

맞장구를 반드시 말로만 치는 것이라고 생각할 필요는 없다. 상대방의 눈을 지그시 응시하면서 입가에 엷은 미소를 띠고 고개를 끄덕이는 것만으로도 얼마든지 맞장구를 칠 수 있다. 맞장구를 치는 것은 상대방에게 이런 메시지를 전달한다. "당신의 말을 잘 듣고 있어요." "당신에게 관심이 있어요." "우리는 하나예요."

맞장구의 기능이 아무리 중요해도 적절하지 못한 맞장구는 되레 역효과를 낸다. 예컨대, 자녀문제 때문에 속이 상한 상대가 위로를 받고 싶어 자기 자녀를 욕할 때 덩달아서 그 자녀를 비난하는 것은 오히려 관계를 망친다. 또 윗사람이 중요한 이야기를 할 때는 섣불리 맞장구를 치기보다는 잠자코 듣는 편이 더 낫다. 맞장구가 지나치면 자칫 경박하다는 인상을 줄 수도 있고 말끝마다 맞장구를 치면 오히려 상대방의 기분을 거스를 수 있다.

어떤 사람을 움직이려면 그의 마음을 열어야 한다. 그의 마음을 열려면 이쪽에서 먼저 귀를 열어야 한다. 사람을 움직이는 힘은 입이 아니라 귀에서 나온다.

**W**hy 사람들은 자기 얘기를 잘 들어주는 사람을 좋아하면서도 왜 남의 말에 귀를 기울이지는 못할까? 나는 다른 사람의 이야기를 잘 들어주는 편인가? 아니면 그 반대인가?

**W**hat 다른 사람의 말을 귀 기울여 듣는 것으로 얻는 것은 무엇인가? 다른 사람의 말을 경청하지 못할 때 잃을 수 있는 것은 무엇인가?

**H**ow 평소 이야기를 경청하지 못했던 가족이나 주변 사람을 골라 그 사람이 이야기를 끝낼 때까지 들어보자. 맞장구를 치면서 경청을 시도하자.

# 마음을 닫게 하는 대화 비결 10계명

1  처음부터 끝까지 내 이야기만 늘어놓는다.

2  상대방이 말을 끝내기 전에 도중에 끼어든다.

3  상대가 거부감을 느끼는 주제를 찾아 화제로 삼는다.

4  맞장구 대신 엇장구를 쳐서 대화에 김을 뺀다.

5  딴 생각을 하고 있다가 이미 했던 얘기를 되묻는다.

6  무슨 말이든 무관심하고 시큰둥한 태도를 보인다.

7  쳐다보거나 고개를 끄덕이지 않고 웃지도 않는다.

8  딴전을 피우고 다리를 떨거나 하품을 한다.

9  말하는 사람 대신 다른 사람에게 관심을 보인다.

10  내 말은 옳고, 상대가 틀렸음을 기를 쓰고 증명한다.

# 마음을 닫게 하는 대화 비결 10계명

# 작은 빈틈이
# 마음을 열게 한다

코끼리는 상아가 있는 까닭에 제 몸을 잃는다.
―《좌전左傳》의 양공襄公편

얼마 전 어떤 온라인 취업 포털사이트에서 직장인 1,254명을 대상으로 '직장에서 이런 사람은 100퍼센트 왕따' 라는 설문조사를 했다. 조사 결과, 왕따 1순위는 '잘난 척하는 사람들' 이었다.

조사 내용을 더 구체적으로 살펴보면 '잘난 척, 아는 척, 있는 척' 하는 척돌이와 척순이형(19.1퍼센트)이 1위로 나타났다. 또 독불장군형과 사사건건 끼어드는 사람과 함께 자신이 직장 최고의 '얼짱, 몸짱, 맘짱, 일짱' 이라고 생각하는 '공주·왕자형(15.1퍼센트)' 이 그 뒤를 이었다.

내 수강생들을 대상으로 조사한 결과 역시 비슷했다. '이런 친구는 싫다'라는 설문에 가장 많은 학생들이 '잘난 체하는 친구'를 1위로 꼽았다. 한 학생은 이렇게 덧붙였다. "못난 친구가 잘난 체할 땐 애교로 봐줄 수 있지만 잘난 친구가 잘난 체할 때는 정말 꼴 보기 싫다."

## 완벽한 사람보다 허점이 있는 사람이 좋다

자기PR은 자신의 인지도를 높이고 다른 사람의 호감을 살 수 있는 매우 효과적인 전략이다. 하지만 지나친 과시는 사람들의 반감을 사 오히려 역효과를 내기 쉽다. 자신을 드러내놓고 과시하는 것보다 상대가 자연스럽게 느끼게 하는 것이 훨씬 더 자신을 어필하는 방법이다. 잘난 체하고 혼자 튀려고 애를 쓸수록 주변 사람들은 그의 실수를 은근히 바라게 된다. 사람들은 잘난 체하거나 완벽한 사람보다 겸손하거나 다소 허점을 보이는 사람을 훨씬 더 좋아한다.

심리학자 애론슨은 사람들은 너무 완벽한 사람보다 약간 빈틈이 있는 사람들을 더 좋아한다는 사실을 실험으로 증명했다. 그는 대학생들에게 '대학 퀴즈왕' 선발대회 실황이라고 소개하면서 녹음테이프를 들려주었다. 출연자 중 한 사람은 모든 문제를 거의 완벽하게 풀었으며(정답률 92퍼센트) 다른 사람은 문제를 제대로 풀지 못했다(정답률 30퍼센트).

실험에 참가한 대학생들은 퀴즈 게임 전 과정과 게임이 끝난 후에 출연자들과 진행자가 주고받는 대담 내용을 청취했다. 이때 실험에 참여한 대학생들은 두 가지 조건의 녹음을 듣게 된다.

한 조건의 출연자들은 대담 과정에서 자신의 옷에 커피를 엎지르는 실수를 저지르면서, 자기가 평소 이런저런 실수를 저지른다는 등 개인적인 실수담을 털어놓았다. 그러나 다른 조건의 출연자들은 대담 중에 어떤 실수도 저지르지 않았으며 자신의 개인적 결점이나 허점을 털어놓지도 않았다.

녹음 내용을 들려주고 난 뒤, 대학생들에게 출연자들에 대한 호감도를 평가하게 했다. 누가 가장 높은 점수를 받았을까? 말할 것도 없이 문제를 잘 풀면서도 대화 도중 빈틈을 보이고 개인적인 실수담을 털어놓는 출연자가 최고의 점수를 받았다. 애론슨 박사는 이처럼 허점이나 실수가 대인 매력을 증진시키는 것을 '실수 효과 Pratfall Effect' 라고 명명했다.

확실히 멋진 사람이 빈틈을 보이면 더 멋있어 보인다. 몇 년 전 아카데미 시상식에서 알 파치노가 남우주연상을 받을 때였다. 그는 잔뜩 긴장한 모습으로 수상 소감을 적은 쪽지를 주머니에서 꺼내 더듬거리며 읽었다. 인사를 끝내자 청중들은 그에게 다른 어떤 수상자보다 더 많은 환호와 박수를 보냈다. 명배우답지 않게 긴장하는 모습이 인간적인 매력을 더해주었기 때문이다.

## 빈틈을 보이면 이래서 좋아한다

토크쇼에서 저명인사나 스타들이 자신의 실수담을 털어놓을 때 시청자들이 좋아하는 이유는 뭘까? 사람들은 지나치게 완벽하고 빈틈이 없는 사람들을 좋아하지 않는데, 거기엔 몇 가지 이유가 있다.

우선, 너무 완벽한 사람은 다른 사람들에게 열등감을 느끼게 만든다. 또 그런 사람을 보면 시기심이 생기기 때문에 기분이 나빠진다. 그래서 사람들은 잘난 체하는 사람들을 만나면 이렇게 중얼거린다. "잘났어, 정말!" 자기에게 열등감을 느끼게 만드는 사람을 좋아하는 사람은 없다.

또 사람들은 결점을 드러내지 않는 사람에 대해 위선적이고 인간미가 없다는 고정관념을 갖고 있다. 자기의 결점을 다른 사람에게 보여주지 않으려고 하는 것이 인간의 본성이라고 생각해서 과시만 하고 허점을 드러내지 않는 사람들을 믿지 않는 경향이 있다.

뿐만 아니라 너무 완벽한 사람들에게는 쉽게 자신의 결점이 노출될 수 있기 때문에 그런 사람을 만나면 경계심을 갖게 되고 마음의 문을 닫게 된다.

빈틈을 보여주는 사람에게 더 호감이 가는 이유는 무엇일까? 몇 가지 이유가 있다.

첫째, 허점이나 결점을 보이는 사람은 우리로 하여금 우월감을 느끼게 해주며, 최소한 그들과 거리감을 좁힐 수 있게 해준다. 따라서 유능한 사람이 실수를 하면 그 사람에 대해 더 친근감을 느끼게 된다.

둘째, 결점을 드러내면 우리는 그 사람이 진솔한 사람이라고 믿는 경향이 있다. 사람들은 누구나 자신의 결점을 감추려 하기 때문에, 결점을 감추지 않으면 그 사람이 진실한 사람이라고 판단한다.

셋째, 빈틈을 보이거나 결점을 솔직하게 드러내면 사람들이 경계심을 늦추고 마음의 문을 연다. 결점을 갖고 있는 사람에게는 왠지 결점을 드러내도 괜찮을 것 같은 생각이 들기 때문이다.

---

**빈틈을 숨기지 않으면**

1. 거리감이 줄어들고 친근감이 느껴진다.

2. 겸손하고, 진솔하다는 느낌이 든다.

3. 경계심을 풀고 마음의 문을 열게 된다.

---

## 너무 잘난 체하지 말고 빈틈을 보여주라

상담자가 내담자에게 자기의 문제를 진솔하게 공개하는 것은 카운슬링에서 매우 중요하게 여기는 상담자세 중 하나다. 나는 자녀문제나 부부간의 갈등을 갖고 있는 내담자를 만나면 종종 이런 식으로 나의 문제를 털어놓는다. "사실은 저도 문제가 많았습니다." 그러면 대부분의 내담자는 경계심을 풀고 편안한 마음으로 자기의 문제를 털어놓는다. 상담자도 똑같은 약점을 갖고 있음을 보여주면 친밀감을 느끼게 되어 마음의 문을 열기가 쉬워진다. 이처럼 상담자의 개인적 경험이나 생각을 털어놓음으로써 내담자와 서로 알아가고(라포 형성) 속마음을 털어놓게 하는 것을 '자기공개 기법 Self-disclosure Technique' 이라고 한다.

청산유수 같이 유창한 연설을 끝낸 한 초선의원이 20세기 최고 웅변가 처칠에게 의기양양하게 다가가 연설에 대한 피드백을 부탁했다. 칭찬을 받게 될 것이라는 그의 기대와 달리 처칠은 그에게 이렇게 충고했다. "다음부터는 좀 더듬거리게." 말이 너무 매끄러우면 신뢰감이 떨어지고 자칫 경박스럽다는 인상을 줄 수 있기 때문이다.

잘난 점을 갖고 있다는 것은 좋은 것이다. 잘난 점을 과시하고 싶은 것은 당연하다. 하지만 '모난 돌이 정 맞는다' 는 말처럼 너무 튀면 경계나 실시의 대상이 되고, 너무 잘난 것만 내세우면 바로 그것이 화근이 된다. 너무 튀려고 하지 마라. 될 수 있으면 상석에 앉지 말고, 너무 주목을 끌지도 마라. 겸손한 모습으로 자세를 조금 더 낮추면 결과적으로 더 많은 것을 얻게 된다.

보잉사의 최고관리자 노마 클레이턴은 고객이나 협력업체 또는 자신에게 보고하는 사람들과 회의할 때 절대 상석에 앉지 않는다고 한다. 오히려 의자를 조금 낮춰 남들보다 작아보이게 한다고 말한다. 그래야 조직의 일부가 되고 상대로부터 더 쉽게 협조를 끌어낼 수 있기 때문이다.

## "우리는 2등입니다."

장점만을 과시하고 결점을 감추기보다는 약점을 솔직하게 인정하고 드러내는 것은 인간관계에서만 중요한 것이 아니다. 이것은 마케팅에서도 매우 중요한 전략 중 하나가 되었다. '지구상에서 가장 맛있는 닭갈비 집'과 '원천동에서 두 번째로 맛있는 닭갈비 집'이라는 두 개의 간판을 본다면 사람들은 어느 쪽을 선택할까?

광고는 대개 제품의 장점만을 과장해서 알린다. 하지만 세계적인 광고회사 도일, 데인, 베른바흐 사는 이 관행을 과감하게 깼다. 폴크스바겐이 처음 미국에 출고되었을 때였다. 이 차는 싸고 믿을 수 있는 것을 제외하고는 이렇다 할 장점이 없었다.

광고회사에서는 있는 그대로 광고를 하기로 결정했다. "이 차는 못생겼다. 딱정벌레처럼 생겼다." "이 차는 느리다." 그러나 결과는 예상외로 좋았다. 고객들은 그 광고를 신뢰했고, 판매는 급증했다.

진실을 말하고, 다른 회사에서 약점으로 지적하고 있는 바로 그

점을 광고 카피로 내보냈기 때문이다. 그 광고회사는 동일한 전략을 에이비스AVIS 렌터카 광고에도 적용했다. 미국 렌터카 시장은 헤르츠Hertz가 거의 독차지하고 있었다. 모든 기업이 입을 모아 자사의 상품을 과장해서 광고할 때 에이비스는 이런 카피를 내보냈다.

"우리는 2등입니다! 때문에 더욱 열심히 노력하겠습니다! We Are Number Two! So We Try Harder!" 이 광고는 예상외의 위력을 발휘했다. 시장점유율 1위를 차지하고 있는 헤르츠 직원들은 경계심을 풀었고, 심지어 에이비스 직원들에게 동정적인 태도를 보이기도 했다. 반면, 에이비스 직원들은 더욱 분발했다. 이것이 바로 소위 '넘버 투 캠페인' 이라는 것이다.

최근 우리나라의 한 보험회사에서도 이 광고 전략을 적용했다. 수영과 육상, 농구와 아이스하키 등 박빙의 승부를 펼치는 스포츠 경기에서 아쉽게 1등을 놓친 2등 선수의 안타까움을 클로즈업시키며 이런 카피를 내보낸다. "지금은 2등이다. 그러나……."

어떤 회사가 자사 제품의 결점을 솔직하게 인정하고 진실을 말하면 다음과 같은 이유로 고객들의 호감을 살 수 있다. 첫째, 솔직하다는 인상을 준다. 둘째, 신뢰감을 준다. 셋째, 자신감 있는 기업으로 평가받는다.

유리는 그 안에 빈틈이 없기 때문에 물을 받아들이지 못한다. 하지만 스펀지는 그 안에 공간을 갖고 있기 때문에 물을 빨아들일

수 있다. 누군가가 다가오게 하려면 우리 안에 그가 들어올 수 있
는 빈틈을 마련해두어야 한다.




Why 사람들이 과장을 해서라도 자기PR을 하려고 하고, 대신 결점은 감추
려고 하는 이유는 무엇인가?


What 사람들에게 잘 드러내지 못하는 나의 결점은 무엇인가?이를 적절히
드러낼 수 있는 방법은 무엇이고 그로 인해 무엇을 얻을 수 있는가?


How 아랫사람들에게 빈틈을 보여주자. 자녀들에게 이렇게 말해보자. "아
빠가 요즘 힘들단다. 네가 좀 도와줘."

# 바보처럼 보여 난관을 극복하다

손자병법 36계중 제27계는 가치부전假痴不癲 전략이다. 이 전략은 난관에 처했을 때는 잘난 체 경거망동하는 것을 삼가고 다소 부족한 듯이 행하면서 내실을 기하라는 것이다.

위나라의 사마의司馬懿는 조조와 조비(조조의 아들)가 죽은 뒤 고향에 내려가 재기를 노리고 있었다. 당시 실세였던 조상이라는 사람이 사마의의 동태를 파악하기 위해 사람을 보냈다. 사마의는 세상일에 관심이 없는 폐인처럼 살았다. 그에 대한 보고를 받은 조상이 마음을 놓자, 사마의는 조상이 황제와 함께 사냥을 나간 틈에 정변을 일으켜 병권을 장악했다.

이 전략은 뛰어난 지도자가 되려면 자기의 재능을 자랑하거나 너무 잘난 체하지 말고 약간의 빈틈을 보여야 한다는 의미도 갖고 있다. 노자老子 역시 "훌륭한 지도자는 지모를 깊숙이 감추고 있어서 겉으로 보면 바보같이 보인다. 이것이 지도자의 이상적인 모습이다."라고 말했다.

# 모르면 모른다고 말하라



언젠가 외출에서 돌아온 아내가 낮에 친구가 했던 말이라고 하면서 내게 어떤 영어 단어의 뜻을 물어봤다. 지금은 그 단어가 정확히 기억나지 않지만 나도 잘 모르는 것이었다. 그래서 난 "잘 모르겠는데, 그 사람한테 물어보지 그랬어."라고 말했다.

그러자 아내는 이렇게 대꾸했다. "그걸 어떻게 물어봐? 창피하게." 그리고 핀잔투로 한마디 덧붙였다. "대학교수가 그것도 몰라?" 아내는 다른 사람들이 모두 그 말뜻을 이해하는 것 같아 자기도 그냥 아는 척하면서 지나갔다고 했다.

내 아내는 왜 모르는 것을 아는 척하고 얼렁뚱땅 넘어갔을까?

내 아내만 그럴까? 나 역시 그런 경우가 많았다. 아마 여러분도 그런 경험이 있을 것이다. 왜 사람들은 모르는 것을 모른다고 말하지 못할까?

그 내용이 별로 중요한 것이 아니거나 대화의 흐름이 깨질까 봐 그럴 수도 있다. 하지만 '모른다'는 것을 인정하고 싶지 않고, 그것 때문에 자존심이 상하기 때문일 가능성이 더 크다. 또 모른다고 하면 무식하다는 평가를 받게 되고, 무식한 사람은 무시당할 것이라고 생각하기 때문일지 모른다. 그래서 남자들은 모르는 길을 운전하면서도 웬만해서는 길을 묻지 않는다.

## 모를 때는 '모른다'고 말해보자

무식하다는 사실이 밝혀지면 때로 "그것도 모르냐?"는 식으로 면박을 당하거나 그로 인해 상처를 입을 수도 있다. 꼭 누가 뭐라고 해서가 아니라 스스로도 속이 상한다.

예전에는 강의를 하다 막히거나 내가 잘 모르는 내용에 대해 질문을 받으면 나 역시 아는 척하면서 대충 설명하고 구렁이 담넘어가듯 슬그머니 주제를 다른 데로 돌렸다. 물론 내색은 하지 않지만 등줄기로 진땀을 흘리거나 그로 인해 꽤 오랫동안 자책감에 시달리기도 했다. 그러나 지금은 많이 달라졌다.

나이가 들고 경험이 쌓이면서 모르는 것을 굳이 아는 척할 필요가 없다는 것을 깨달았기 때문이다. 모르는 것을 인정하면 그것을 통해 더 많은 것을 얻을 수 있다고 생각을 바꾼 뒤에는 열등감과 자책감에서 벗어날 수 있었다.

빤히 알고 있는 내용도 기억나지 않아 쩔쩔맬 때가 종종 있다. 판서를 할 때 한글보다 더 익숙한 심리학 용어의 영어 철자가 생각나지 않을 때가 있다. 예전 같으면 진땀을 흘리며 난감해했을 것이다. 하지만 지금은 이렇게 말하곤 한다. "어, 생각이 안 나네. 누구 아는 사람 없어요?" 다행히 아직까지 그런 내가 무능한 교수라고 학생들이 대자보를 써붙인 적은 없다. 그로 인해 수강을 거부한 학생도 없다.

얼마 전에 원고를 쓰던 중 철자가 생각나지 않는 단어가 있었다. 발음을 참고로 사전을 아무리 뒤져도 그 단어를 찾지 못했다. 할 수 없이 영문과 교수에게 전화를 걸어 도움을 요청했다. 그분은 그 단어가 프랑스어에서 파생된 것이라 철자를 찾기가 힘들었을 것이라며 단어의 철자와 함께 어원까지도 친절하게 알려줬다.

그 교수는 나를 무식하다고 무시했을까? 적어도 내가 생각하기에는 아니다. 그 일이 있고 나서 그분은 내게 심리학에 대해 이것저것 물어왔다. 그 때문에 우리는 더 친해졌다.

모르면서도 아는 척하라. 그러면 점점 더 무식해질 것이다. 모르면 모른다고 말하고 가르쳐주기를 요청하라. 그러면 점점 더 유식해질 것이다. 자신이 모르는 것을 누가 물으면 모른다고 솔직히

말하자. 내가 모르는 것을 누군가 알고 있다면 그에게 가르쳐달라
고 해보자. 대화 중에 이해가 안 되면 그 말이 무슨 뜻인지를 정중
하게 물어보자. 배우려면 우선 모른다는 사실을 인정해야 한다. 도
움을 받으려면 먼저 도움이 필요하다는 사실을 전달해야 한다.

**모르는 것을 아는 척 넘어가면**

1. 더 이상 배울 수가 없다.

2. 솔직하지 못했다는 점에서 자책감에 시달린다.

3. 도움을 요청함으로써 친해질 수 있는 기회를 놓친다.

특히 자기보다 아랫사람에게 모른다고 말하려면 자신감과 용
기가 필요하다. 영국의 철학자이자 노벨문학상 수상자인 버트랜
드 러셀이 컬럼비아대학교에서 강연을 하게 되었다. 강연이 끝난
후 한 학생이 질문을 했다. 러셀은 멍해진 상태로 대답을 하지 못
히고 몇 분 동안 손을 턱에 괴고 생각에 잠겼다. 한참 후 질문 내용
을 정리해서 학생에게 되물었다. "이 내용이 질문하고자 하는 내
용 맞습니까?" 그 학생은 정중하게 '그렇다' 고 대답했다.

러셀은 다시 생각에 잠겼고 이번에는 더 오랜 시간이 흘렀다. 당
대 최고의 학자 러셀은 강당을 가득 메운 청중 속의 젊은 학생에게

이렇게 말했다. "정말 좋은 질문이군요. 그런데 나는 그 질문에 답할 능력이 없네요."

## 도움이 필요할 때는 도와달라고 부탁하자

왜 사람들은 모르면서도 모른다고 말하지 못하고, 도움이 필요하면서도 도움을 청하지 않을까? 상대방이 무시하거나 도움을 거부할 것이라고 생각하기 때문이다. 또 도움을 요청하는 것은 의존적인 사람들이나 하는 일이며, 주도적인 사람은 남에게 의존을 하면 안 된다고 생각하기 때문이다.

주도적으로 산다는 것은 다른 사람의 도움을 거부하는 것이 아니라 적극적으로 도움을 요청하는 것이다. 최선을 다한다는 말 속에는 다른 사람에게 도움을 요청하는 것이 포함되며 그것은 가장 주도적인 행위 중 하나다.

대화 중에 다른 사람이 알아듣기 힘든 영어나 전문 용어를 쓰는 사람들이 많다. 그들이 그렇게 하는 데는 두 가지 이유가 있다. 습관이거나 아니면 과시욕구 때문이다. 지식을 과시하고 싶은 사람을 즐겁게 하는 가장 좋은 방법은 그들에게 물어보는 것이다. 답을 갖고 있는 사람들을 기쁘게 하는 가장 좋은 방법은 답을 가르쳐달라고 부탁하는 것이다.

모른다고 말하는 것은 그것을 알고 있는 사람에게는 자부심과 우월감을 느끼게 해준다. 그것을 모르는 사람에게는 안도감과 동류의식을 갖게 한다. 그러므로 '모른다'고 말하면 잘 알고 있는 사람과 잘 모르는 사람 모두와 친해질 수 있다.

"부탁하는 사람은 5분 동안 바보가 될 수 있다. 하지만 부탁하지 않는 사람은 평생 동안 바보가 된다"는 중국 속담이 있다. 모르는 것은 결코 부끄러운 일이 아니다. 정말 부끄러워해야 할 일은 모른다는 사실을 감추고 배우려 하지 않는 것이다. 묻는 것은 한순간의 창피에 그치지만, 묻지 않는 것은 평생 창피다.

### 기꺼이 '모른다'고 말하면

1. 솔직하다는 인상을 준다.

2. 겸손한 사람으로 평가받는다.

3. 당당하게 느껴진다.

사람들은 모르는 것을 '모른다'고 인정하는 사람을 만나면 솔직하고 겸손하며 당당하다는 인상을 받는다. 사람들은 그런 사람을 좋아한다. 그런 사람을 싫어할 사람은 없다.

사람늘은 자신을 가르치려는 사람보다 자신에게 가르침을 요청하는 사람을 더 좋아한다. 사람들은 자신에게 충고하기보다 고개를

숙이고 조언을 구하는 상대에게 마음이 끌린다. 사람들은 믿음이 가는 사람에게 배우려 하며, 좋아해야 도움을 요청한다고 생각하기 때문이다.

도움을 요청하는 것은 도움을 베푼 사람에게도 기쁨을 준다. 여러분이 누군가를 도와주면서 기쁨을 느낀 적이 있다면, 다른 사람에게도 그런 기회를 제공해야 한다. 돕는 기쁨을 다른 사람들로부터 빼앗지 말자. 쓸데없이 자존심 세우지 말고, 모르면 그냥 '모른다'고 말해보자. 도움이 필요하면 정중하게 도움을 요청하자.

서머셋 모옴은 이렇게 말한 바 있다. "인생을 거의 다 살고 난 다음에야 '나는 몰라요'라고 말하는 것이 얼마나 쉬운지를 알게 되었다." 너무 늦은 뒤에야 인생에서 정말 중요한 한 가지를 깨닫지 않도록 하자.

**W**hy  모르면서도 '모른다' 고 말하지 못했던 일 한 가지를 떠올리자. 왜 그
렇게 행동했는지 그 이유를 찾아보자.

**W**hat  그 일을 통해 얻은 점은 무엇이고 잃은 점은 무엇인가? 유사한 상황
에서 나는 앞으로 어떻게 할 것인가?

**H**ow  아랫사람(자녀, 후배, 부하 등)에게 도움을 요청할 수 있는 작은 일 한
가지를 찾아 실천해보자. 그것을 실천하면 무엇이 달라질 수 있는지
를 찾아보자.

# 뒷담화,
# 만족은 짧고 후회는 길다



"그 친구 정말 왜 그래?" "자네 그거 알아? 김 부장 말이야……."
사람들이 모이면 그 자리에 없는 사람을 입에 올리는 경우가 많다.
등장인물은 주로 직장상사나 동료, 친구 등 주변 인물이지만, 정치
인이나 연예인이 되기도 한다. 연령이나 학력, 직업에 따라 표현방
식이 다르긴 하나, 모였다 하면 대개 누군가를 도마 위에 올린다.

대부분 처음에는 "아무개 있잖아, 그 친구 사람은 좋은데……."
하면서 다소 긍정적으로 시작한다. 그러나 이야기가 진행될수록
"그런데 말이야, 꽉 막힌 구석이 있더라고." 하면서 점차 험담 쪽
으로 기운다. 텔레비전을 보면서도 "한동안 안 보인다 했더니 코

세웠네."라고 말하고, 일 얘기를 하다가도 "그 앤 왜 옷을 그렇게 입고 다닌데? 창피해서 같이 못 다니겠어." 하면서 험담 쪽으로 얘기가 흘러간다.

없는 데서 다른 사람을 험담하는 것을 '뒷담화'라고 한다. 이 말은 당구에서 사용하는 속어 '뒷다마(다마 : 공이라는 일본어)와 발음과 상징적 의미가 비슷해 동사형으로 사용될 때는 '뒷담화 친다'거나 '뒷담화 깐다'라고 하기도 한다.

한 주간지가 남녀 직장인 1,023명을 대상으로 조사한 결과에 따르면, 직장인 5명 중 3명 정도는 하루 30분 이상 뒷담화로 시간을 보낸다고 한다. 뒷담화를 떳떳하거나 자랑스럽게 생각하는 사람은 없다. 하지만 뒷담화의 유혹으로부터 자유로운 사람도 별로 없다.


## 뒷담화, 이래서 빠져든다

살다 보면 이래저래 불만스러울 때가 많다. 욕구 불만은 주로 사람들과의 문제 때문에 생긴다. 그렇다고 면전에서 하고 싶은 말을 다 할 수도 없다. 기분 나쁜 일은 참을수록 더 불쾌해지고 잊으려고 애쓸수록 더 자주 떠오른다.

풍선에 바람을 넣으면 내부압력이 증가하듯이 생각을 억누를수록 정신적 긴장감은 커진다. 바람을 빼야 풍선의 압력이 줄어드는 것처럼 억압된 감정은 표출해야 해소된다. 불쾌한 감정을 누군가에게 털어놓게 되면 속이 후련해지는데, 이것을 '정서적 환기효과Emotional Ventilation Effect' 라고 한다. 뒷담화는 대인관계에서 겪는 스트레스를 풀어준다.

누군가에게 화가 났을 때 직접적으로 공격하지 않고 분노를 해소하는 데는 뒷담화만큼 효과적인 것이 없다. 말이라는 것은 듣는 사람이 전하지 않으면 흔적도 남지 않는다. 증거가 없을 땐 보복 가능성도 없고 책임질 필요도 없다.

뒷담화는 누군가와 친해지는 데도 중요한 기능을 한다. 히말라야 원숭이 수컷은 어떤 원숭이를 친구로 만들고 싶으면 그 옆을 지나가는 다른 원숭이를 이유 없이 공격한다. 그때 함께 가세하면 그들은 좋은 친구 사이가 된다. 사람들도 누군가에 대한 험담을 하면서 서로 친해진다.

사람들은 뒷담화를 통해 어떤 사람이 자기 편인지 여부를 확인한다. 상사에 대해 험담할 때 상대가 맞장구를 쳐주면 자기 편이라는 생각이 든다. 하지만 동조를 해주지 않으면 서운한 생각이 들고 그로 인해 사이가 점차 멀어진다. 주부들이 남편에 대해 언제 섭섭함을 느끼는지를 조사한 결과, '이웃 주부를 험담하는데 안 들어줄 때'가 1위로 나타났다.

사람들이 험담을 즐기는 또 다른 이유는 그것이 일시적으로나마 자긍심을 느끼도록 만들어주기 때문이다. 자기 자신이 어떤 사람인지를 평가하려면 어쩔 수 없이 다른 사람과의 비교 과정을 거쳐야 한다. 사람들은 자기 자신을 알기 위해 다른 사람과 비교하려는 욕구를 가지고 있는데, 이를 '사회비교 이론Social Comparison Theory'이라고 한다.

비교 과정에서 자신이 더 우월하다고 생각하면 자긍심이 높아지지만, 못하다고 판단되는 경우에는 자긍심이 저하된다. 모스라는 심리학자는 일시적인 비교에 의해서도 자긍심에 변화가 일어날 수 있음을 실험으로 확인했다.

입사 지원자들을 두 가지 조건 중 하나에서 면접을 받게 했다. 한 조건에서는 잘생기고 유능한 지원자들과 함께 면접을 보게 했고, 다른 조건에서는 외모도 별로이고 무능한 지원자들과 면접을 치르게 했다. 분석 결과, 우수한 경쟁자들과 함께 면접을 본 사람들은 자긍심이 현저하게 떨어졌다. 그러나 무능해 보이는 경쟁자들과 함께 면접을 본 사람들은 자긍심이 눈에 띄게 높아졌다.

자긍심을 고양시킬 수 있는 한 가지 방법은, 누군가를 비하시키는 것이다. 상대의 결점을 찾아 험담하고 비하시키면 우리는 상대적으로 우위에 설 수 있고 그로 인해 자긍심이 높아질 수 있다. 그래서 사람들은 험담에 빠져든다.

## 뒷담화 충동을 느끼면 이 점을 명심하자

스트레스를 해소하고, 누군가와 친해지기 위해, 그리고 자긍심을 높이기 위해 사람들은 누군가를 험담한다. 부끄러운 일이지만 나 역시 이따금씩 당사자가 없는 곳에서 험담을 한다. 물론 속이 후련해질 때도 있다. 내가 옳다는 것을 확인받았다는 느낌을 가질 때도 있다. 그것을 통해 우정을 확인할 수도 있다. 하지만 사실 잃는 것이 더 많다.

긍정적인 경험은 대부분 일시적이다. 험담을 하고 나면 허무해지고 비열한 사람이 된 기분을 떨쳐버리기가 힘들다. 자긍심이 지켜지는 것은 잠깐이고 시간이 지나면 오히려 자긍심이 더 손상된다. 상대를 깎아내리고 있는 자신의 모습을 보는 것은 결코 유쾌한 일이 아니다.

험담을 할 때 발생하는 가장 큰 문제는 우리 자신의 마음이 부정

적인 생각들로 채워진다는 것이다. 실제로 어떤 사람을 비난하고 나서 기분이 좋아지기보다 더 나빠진다고 말하는 사람들이 많다.

험담을 들어줘야 하는 사람들은 어떨까? 처음에는 귀가 솔깃할지 모른다. 하지만 험담이 반복되면 동조할 수도 없고 동조를 하지 않을 수도 없어서 그 자리가 불편하게 느껴질 것이다. 그렇게 되면 험담하는 사람이 싫어질 것이다. 또 이런 생각도 하게 될 것이다. '분명 다른 사람 앞에서는 내 욕을 저렇게 하겠지' 그래서 그 사람을 더욱 멀리할 것이다.

만약 우리가 했던 험담을 당사자가 전해 듣게 되면 어떤 일이 일어날까? 면전에서 보인 태도와 없는 데서 하는 말이 다르다는 사실을 알게 되면 당연히 배신감을 느끼게 될 것이다. 제3자를 통해 전해 들은 칭찬은 최고의 점수를 받지만 전해 들은 험담은 최악의 점수를 받는다.

뒷담화의 유혹에 빠질 땐 스스로에게 '또 시작이야!' 라고 하면서 자연스럽게 화제를 바꿔보자. 당사자가 없는 데서 그를 욕하고 싶은 마음이 들 때면 '그 사람이 지금 옆에 있어도 이 말을 할 수 있을까?' 라고 자문하자. 험담이 튀어나올 때마다 그 사람의 좋은 점 한 가지씩을 찾아보자. 면전에서 할 수 없는 얘기라면 뒷담화로도 하지 말자. 어쩔 수 없이 뒷담화를 하게 되면 내가 하는 말이 그대로 전해진다고 가정하자. 검지 하나로 손가락질을 하면 나머지 세 개의 손가락이 나를 향한다는 사실을 기억하자.

Why  사람들이 뒷담화에 빠져드는 이유는 무엇인지 세 가지만 찾아보자.

- - - - - - - - - - - - - - - - - - - - - - - - - - - - - - - - - - - - - - - - -

What  최근에 당사자가 없는 데서 험담했던 일을 한 가지 떠올려보자. 그  
말이 상대방에게 전해진다면 어떤 일이 일어날까?

- - - - - - - - - - - - - - - - - - - - - - - - - - - - - - - - - - - - - - - - -

How  누군가 먼저 시작해서 어쩔 수 없이 뒷담화에 끌려들어가는 상황에  
효과적으로 대처하려면 어떻게 해야 할까?

- - - - - - - - - - - - - - - - - - - - - - - - - - - - - - - - - - - - - - - - -

# 나는 그대의 대접을 사양하겠노라

한 바라문(인도 사성四姓 가운데 제일 높은 승족僧族)이 몹시 성이 나서 부처님을 찾아왔다. 그 집안의 한 젊은이가 출가해 부처님의 제자가 되었기 때문이다. 그는 그것이 가문의 수치라고 생각했다. 그래서 노발대발해서 부처님께 욕설을 퍼부었다. 부처님은 묵묵히 듣고 있다 그가 조금 조용해지자 그를 향해 이렇게 말했다. "바라문이여, 그대의 집에도 간혹 찾아오는 손님이 있을 것이다.""물론이오.""그러면 여러 가지 맛있고 기름진 음식을 대접할 것이다.""물론 그렇소.""만일 손님이 그것을 받지 않는다면 그 음식은 누구의 것이 되는가?""물론 그것은 다시 내 것이 될 수밖에 없겠지요."

그러자 부처님은 물끄러미 그의 얼굴을 바라보며 말했다. "오늘 그대는 내 앞에서 여러 가지 나쁜 말과 욕을 가지고 나를 대접했지만 나는 그것을 받지 않았다. 그러므로 그것은 다시 그대의 것이 될 수밖에 없다. 만일 내가 욕설을 듣고 되받아 욕을 한다면 그것은 주인과 손님이 함께 먹고 마시는 것이 된다. 그러니 나는 그 대접을 사양하겠노라." 이에 바라문은 크게 깨닫고 출가해서 열심히 수행 정진해 마침내 진리를 깨달은 성자가 되었다. 욕한 사람에게 화로 갚지 않으면 두 가지 승리를 얻는다. 자기 자신도 이기고 남도 이기는 것이다.

# "나는 당신이 좋아요"



매년 스승의 날이면 우리 과 학생들은 교수들과 함께하는 자리를 마련한다. 거기서는 으레 간단한 선물과 함께 학생들이 교수들에게 전하고 싶은 이야기를 적어 코팅하거나 두루마리로 만들어 각 교수에게 전달한다.

몇 년이 지났지만 지금까지 잊혀지지 않는 짧은 글이 있다. 그 글을 쓴 남학생은 "선생님이 좋아요. 기냥!"이라는 말과 함께 그 아래에 자기 이름 석자를 적어놓았다. 나는 왜 몇 년이 지난 지금까지도 그 짧은 글을 잊지 못하고 있을까?

## "당신도 날 싫어하잖아요."

"네가 싫다면 나도 싫다." "날 싫어하는 사람을 좋아할 이유는 없다." 누군가를 싫어할 때 가장 많이 대는 이유들이다. 미움을 받지 않고 호감을 사는 사람이 되려면 먼저 전제 조건이 필요하다. 그것은 이쪽에서 먼저 상대방을 좋아해야 한다는 것이다. 그 이유는 우리가 상대방을 싫어하면 상대방 역시 우리를 싫어하기 때문이다. 사람들은 자기를 좋아하는 사람을 좋아한다.

심리학자 애론슨과 린다는 이같이 평범한 진리를 실험으로 확인했다. 그는 서로 안면이 없는 대학생끼리 잠깐 동안 이야기를 주고받게 했다. 둘 중 한 명은 실험 조교인 가짜 실험 참여자였고, 다른 한 명은 실험 목적을 모르는 순진한 실험 참여자였다.

대화가 끝난 다음 순진한 실험 참여자들로 하여금 가짜 실험 참여자와 연구자가 주고받는 대화를 우연히 엿듣도록 상황을 연출했다. 한 조건에서는 자신을 좋게 평가하는 얘기를 들었다. 다른 조건에서는 자신에 대해 나쁘게 이야기하는 것을 엿들었다. 그런 다음 대화를 나눴던 가짜 실험 참여자에 대해 평가하게 했다. 예상했던 대로, 사람들은 자기를 좋게 평가했던 사람은 훨씬 더 긍정적으로 평가했다.

사람들은 자기를 좋아한다는 말을 들으면, 그것을 진실이라고 믿는 경향이 있다. 사탕발림이라는 것을 알면서도 사람들은 칭찬을 듣고 싶어한다. '좋아한다'는 말 한마디로 사람들이 우리를 좋아하게 만들 수 있을까? 심리학자 레베카는 다음과 같은 실험으로 그것이 가능하다는 사실을 확인했다.

서로 초면인 대학생들에게 짝을 지어 5분간 자기소개를 하면서 대화를 하게 했다. 대화가 끝난 후에는 잠깐의 휴식시간을 갖게 했다. 그때 실험 참여자들에게 그들의 파트너가 '좋아한다'거나 또는 '싫어한다'고 말하더라고 슬쩍 귀띔해주었다. 그런 다음 다시 짝을 이뤄 시사 문제에 대해 10분씩 이야기를 주고받게 하고 이를 녹화했다.

그리고 실험 목적이나 절차에 대해 전혀 모르는 제3의 평가자들에게 녹화테이프를 보여주면서 이들의 행동을 평가하게 했다. 예상대로 상대방이 자기를 좋아한다고 믿는 사람들은 자기 자신에 대해 훨씬 더 많은 것을 털어놨다. 또 상대방에게 훨씬 더 다정하게 대했다. 뿐만 아니라 상대방의 말을 더 잘 들어주고, 상대방의 말에 훨씬 더 동조를 많이 했다. 이처럼 자기를 좋아하는 사람을 좋아하는 심리적 현상을 '호감의 상호성Reciprocity of Liking'이라고 한다.

## 자동차 판매왕의 비결, 'I like you'

상사들은 업무 능력이 뛰어난 직원을 좋아할 것이다. 그런데 그

직원이 자기를 좋아하지 않는다는 사실을 알게 되면? 교수들은 대개 공부를 잘하는 학생을 좋아한다. 그러나 그 학생이 자기를 싫어한다는 사실을 뒤늦게 알았다면? 당연히 얘기가 달라진다.

사람들은 자기가 좋아하는 사람을 친구로 선택하고, 좋아하는 사람을 도와주려고 하며, 좋아하는 사람으로부터 물건을 사고 싶어 한다. 훌륭한 의사가 되려면 약보다 환자를 더 좋아해야 한다. 은행가로 성공하려면 대차대조표보다 고객을 더 좋아해야 한다.

일개 영업사원으로 연간 20만 달러가 넘는 수입을 올려 기네스북에 '세계 최고의 자동차 판매왕'으로 기록된 조 지라드에게 기자가 그 비결을 물었다. 그는 두 가지만 명심하면 된다고 잘라 말했다. 첫째, 고객들은 정당한 가격을 원한다. 둘째, 고객들은 자기가 좋아하는 영업사원에게 차를 구입한다. 결론은, 좋아하는 영업사원이 정당한 가격을 제시하면 계약이 성사된다는 것이다.

고객들이 그를 좋아하게 만드는 비결을 묻자, 그는 매달 1만 3천 명이 넘는 고객들에게 사적인 메시지를 적은 편지나 카드를 보낸다고 말했다. 신년이나 추수감사절 또는 생일 등 상황에 따라 축하하는 글은 달라지지만 개인적인 인사말은 언제나 같았다. "저는 당신이 좋습니다(I Like You)." 물론 이름과 서명 외에 자동차 판매와 관련된 어떤 내용도 덧붙이지 않았다.

이 사실이 우리에게 가르쳐주는 것은 무엇일까? '좋아한다'는 말을 듣고 싶은 것은 인간의 원초적인 본능이며, 우리 모두는 이

부분에서 항상 영양실조에 걸려 있다는 것이다. 사람들은 왜 그리 '좋아한다' 는 말을 듣고 싶어할까? 그것만큼 우리를 기분 좋게 하는 것이 없기 때문이다.

자녀 교육, 업무 지시, 상품 판매, 외교, 정치적 리더십 등 어떤 상황에서든 상대를 설득하려면 거쳐야 할 단계가 있다. 무엇보다 먼저 상대방이 우리를 좋아하도록 만드는 것이다. 그렇게 하려면 내가 먼저 그를 좋아해야 한다. 자기를 진정으로 좋아하는 사람을 좋아하지 않는 것은 결코 쉬운 일이 아니다.


## "댁의 큰아이를 제가 참 좋아합니다."

좋은 관계를 원한다면 상대방을 먼저 좋아해야 한다고 하면 이렇게 대꾸하는 사람들이 있다. "눈을 씻고 찾아봐도……." "약에 쓰려고 해도……." 하지만 여태 느끼지 못한 좋은 감정을 느끼려면 그걸 찾으려고 시도하고 연습을 해야 한다. 그러려면 우선 그의 가족이나 그가 속한 집단, 친구, 그리고 그가 하는 일이나 그의 취향이나 기호 등에서라도 좋아할 수 있는 점을 찾으려고 노력해야 한다.

다른 사람들이 자기와 관련된 사람이나 일 또는 사물에 대한 호감을 보이면 우리는 자기 자신에 대한 호감으로 받아들이는 경향이 있다. 그 중 가장 효과적인 것은 상대의 자녀를 칭찬하는 것이다. "댁의 큰아이, 제가 참 좋아합니다. 인사도 잘하고 착해서요." 이런 이웃이 바로 위층에 산다면, 그 집의 아이가 아무리 쿵쾅거려도 그 집에 가서 항의하기가 쉽지 않다. 자기 자식을 칭찬하는 사람에겐 간이라도 빼주고 싶은 게 부모의 마음이다.

어떤 사람의 소유물에 대해 호감을 보이는 것만으로도 상대방의 호감을 살 수 있다. 오래전, 차가 낡아 새 차를 구입하려던 참에 만난 자동차 영업사원이 이렇게 말했다. "선생님, 아직도 이런 차를 타고 다니세요. 상태가 매우 안 좋네요. 위험하니까 빨리 새 차로 바꾸셔야겠어요." 실제로 많은 영업사원들이 차를 팔기 위해 이렇게 말한다. 그런데 얼마 후에 만난 다른 영업사원은 앞의 사람과 전혀 딴판이었다. "몇 가지만 손을 보면 몇 년은 더 타실 수 있겠네요. 연식에 비해 상태가 아주 좋습니다. 관리를 잘하셨나봐요."

당신이라면 누구에게 차를 구입하겠는가? 나는 후자에게 계약서를 요구했다. 왜 그랬을까? 정들었던 내 차를 형편없는 고물로 취급한 영업사원을 나는 좋아할 수 없었다. 반면 오랫동안 나와 함께했던 고마운 내 차를 좋게 평가해준 후자에게 더 호감이 갔다. 그에게는 신뢰감까지 느껴졌다.

두 명의 영업사원은 같은 목적을 갖고 있었다. 그러나 한 명은 목적 달성에 실패했고, 다른 한 명은 목적 달성에 성공했다. 왜 그랬을까? 전자는 고객의 차를 형편없는 고물로 취급해 고객이 등

을 돌리게 만들었다. 그의 말은 고객으로 하여금 자신에게 차를 구입하도록 하는 데 아무런 도움이 되지 못했다. 그러나 후자는 낡은 차에 호감을 보임으로써, 고객의 호감을 사고 신뢰감을 얻어 목적을 달성했다.


## 좋아한다는 표현을 연습하자

사람은 누구니 '좋아한다'는 말을 듣고 싶어한다. 나도 그렇고, 아마 여러분도 그럴 것이다. 그러나 아이러니하게 다른 사람에게는 "그건 꼭 말로 해야 해?" 하면서 좋아한다고 표현하기를 꺼린다.

특히 가족과 같이 가까운 사이에서 더 그렇다. 가족에게 부정적인 표현은 잘하면서, 긍정적인 표현은 못하는 사람이 의외로 많다. 좋은 감정은 굳이 표현할 필요가 없다고 생각하거나 쑥스럽게 여기기 때문이다. 하지만 사람들은 모두 그런 말을 듣고 싶어한다. 좋아한다는 느낌이 드는 순간을 혼자 간직하면 그때마다 우리는 특별한 관계를 만들 수 있는 기회를 놓치고 만다.

자신을 좋아한다는 말을 듣고 불쾌해할 사람은 없으며 다른 사람에게서 호감을 얻는 가장 빠른 방법은 상대를 좋아하는 것이다. 하지만 좋아하는 것만으로는 부족하다. 그 감정이 상대방에게 전달돼야 한다. 좋아하는 감정을 제대로 전달하려면 연습을 해야 한다. 그 첫 단계는 '좋아하는 마음'을 표현하는 방법과 어휘를 늘리는 것이며, 그 다음 단계는 표현을 시도하는 것이다.

좋아하는 마음을 전달하고 싶은 사람을 한 명 떠올려보자. 그 사람뿐 아니라 그와 관련된 사람이나 일에 대해서 좋게 느껴지는 점들을 찾아보자. "근사해요." "멋있어." "좋은 생각이야." "그 옷이 잘 어울려." "당신이 하고 있는 일이 자랑스러워." "네 친구들은 예의가 바르구나." 좋아하는 마음을 전달할 수 있는 단어나 짧은 문장들을 모조리 찾아보자. 그리고 그것을 목록으로 작성하자.

이제 그 중의 하나를 골라 뒤로 미루지 말고 지금 당장 표현하자. 생각만 하지 말고 입을 열어 진솔하게 말해보자.

**W**hy  '좋아하는 마음'을 효과적으로 전달하는 일이 인간관계와 비즈니스에 중요한 이유는 무엇인가?

------------------------------

**W**hat  나는 가족에게 부정적인 생각만큼 '좋아하는 감정'도 잘 전달하는 편인가? 좋아하는 마음을 전달하는 효과적인 방법을 아는가?

------------------------------

**H**ow  좋아하는 마음을 전달하고 싶은 사람에게 오늘 안으로 말이나 글 또는 행동(표정, 시선, 제스처, 자세 등)으로 그 마음을 전해보자.

------------------------------

## 팅기기 전략

호감의 상호성 원리에 따르면, 사람들은 자기를 좋아하는 사람들을 좋아한다. 그러나 예외적으로 상호성의 원리를 위반할 때 호감이 더욱 증가되는 경우도 있다. 특히 이성관계에서 상대의 호감을 무시하거나 싫은 척함으로써 상대방의 관심과 호감을 높이는 전략, 즉 '팅기기 전략Hard to Get Strategy'을 구사하는 경우가 있다.

좋아하면서도 고백을 해오면 왜 팅기는 걸까? 경험을 통해 몇 가지 사실을 알고 있기 때문이다. 우선, 사람들은 '쉽게 얻을 수 있는 것Easy to Get' 보다는 힘들게 얻는 것에 더 가치를 부여하는 경향이 있다. 둘째, 상대가 쉽게 넘어가지 않는 사람이라고 판단될 때 사람들은 더 안달하고 동기가 높아져 적극적이 된다. 그렇게 함으로써 자존심을 고양시킬 수 있다.

남자들은 왜 팅기는 여자를 좋아할까? 쉽게 사귈 수 있는 사람들은 다른 이성들에게도 쉽게 넘어갈 것이라고 판단하기 때문이다. 조사결과, 남자들은 사귀기 쉬운 여자들은 상대적으로 매력이 별로 없거나 성적으로 문란할 것이라고 판단하는 경향이 있다.

그러나 팅기기 전략은 아주 매력적이긴 하지만 위험부담이 많은 전략이다. 사람들은 다른 이성들에게는 도도하면서 자신에게만은 수용적인 파트너를 가장 좋아한다.

# 함께 밥 먹고 싶은
# 사람이 되라

사업에서 가장 중요한 것들은 교과서에 나와 있지 않다.
예컨대 사업상의 식사가 그렇다.
—헤르만 시몬

"부엌 싱크대에서 과자를 조금 훔쳐 내오고, 냉장고에서는 요구르트 한 병을, 또 지하실에서 사과 두 개와 딸기 주스 한 병도 꺼내놨다. 먹을 것도 있어야겠다는 생각에서 준비한 그것들을 모두 구두 상자에 넣어가지고 일요일 오후에 한 나뭇가지 위에 숨겨두었다."

피트리크 쥐스킨트의 《좀머씨 이야기》에서 주인공 소년이 속으로 흠모하던 같은 반 여자아이의 호감을 사기 위해 먹을 것을 준비히는 모습을 그린 대목이다.

## 함께 먹으면 친해진다

여러 종류의 수컷 새들은 짝짓기를 할 때 암컷에게 먹이를 제공한다. 제비갈매기 수컷은 암컷에게 물고기를 주면서 구애를 한다. 박새나 까마귀는 자신의 짝이 되어주길 바라는 상대에게 먹이를 먹여준다. 음식을 제공하는 것은 새들뿐 아니라 인간들이 유대감을 형성하는 데도 매우 중요하다.

"오늘 저녁 어때요?" "언제 식사나 같이 하시죠." 누군가와 가까워지고 싶을 때, 우리가 가장 흔히 하는 일은 식사를 제안하는 것이다. 이성에게 호감을 사고 싶을 때, 서먹서먹한 관계를 진전시키고 싶을 때, 거래처를 설득할 때 우리는 식사 대접을 제안한다.

낯선 사람과 친밀감을 형성하기 위해 식사에 초대하는 일은 지구상 어디서나 가장 흔히 사용되는 방법이다. 적대감을 갖고 있던 부족들이 화해를 할 때나, 공동체의 유대를 강화시키는 제사나 축제행사에는 반드시 음식을 나눠먹는 행사가 포함된다. 친밀감을 높이는 데 먹는 것만큼 효과적인 것이 없기 때문이다. 사람들이 음식을 대접받거나 함께 먹게 되면 상대방에 대한 호감이 늘어나는데, 이를 '오찬 효과Luncheon Effect'라고 한다.

먹거나 마시면서 이야기를 하면 대화가 더 쉽게 풀리고 음식을 접대한 사람에게 더 쉽게 설득된다. 왜 그럴까? 그 이유 중 하나는 뭔가를 받으면 그만큼 베풀어야 한다는 '상호성의 원리'가 작동하기 때문이다.

　심리학자 리건은 사람들이 호의를 받으면 어떤 식으로든 호의를 베풀려고 한다는 상호성 원리를 간단한 실험으로 확인했다. 그는 실험에 참여한 대학생들 중 한 명에게 실험실 앞에 놓인 콜라를 들고 가 '공짜 콜라'라고 하면서 다른 참여자에게 주도록 했다. 그리고 실험이 끝난 후 그에게 기숙사 자선모금을 위한 행운권을 사달라고 부탁하게 했다.

　콜라를 얻어 마신 학생들과 그렇지 않은 학생들의 행운권 구입 비율을 비교한 결과 콜라를 얻어 마신 학생들은 그렇지 않은 학생들에 비해 무려 두 배 이상이나 많이 구입했다. 실험실 앞의 공짜 콜라를 그냥 가져다준 것에 불과한 작은 호의에 대해 학생들은 그보다 훨씬 더 큰 호의로 되갚은 것이다.


## 기분이 좋아지면 태도가 달라진다

　기업에서는 왜 거액의 자금을 접대비로 사용할까? 정치자금 기부행사에는 왜 만찬이 제공될까? 제약회사 직원들은 왜 의사들에게 접대를 못해서 안달일까? 판매사원들은 기회가 있을 때마다 고객에게 식사를 대접한다. 그들이 철석같이 믿고 있는 신조 중의 하나는 이것이다. "푸짐한 식사를 대접받은 고객은 물건을 산다."

　식사 대접을 받으면 왜 상대의 요구를 쉽게 들어줄까? 그 한 가지 이유는 맛있는 음식으로 인한 유쾌한 감정이 함께 먹는 사람과 그 사람의 제안에까지 파급되기 때문이다.

함께 음식을 먹으면 정말 상대방의 의견을 더 호의적으로 평가하게 될까? 심리학자 래즈란은 대학생들에게 몇 가지 정치적 주장을 들려주었다. 한 조건에서는 음식을 제공한 상황에서, 다른 조건에서는 먹을 것을 제공하지 않은 상태에서 들려주었다. 대학생들은 어떤 조건에서 들려준 정치적 주장을 더 호의적으로 평가했을까? 말할 것도 없이 음식을 먹으면서 들었던 조건의 학생들이 더 호의적으로 평가했다.

음식을 제공받게 되면 사람들이 정말 자기주장을 굽히고 태도를 바꾸게 되는지를 확인하기 위해 심리학자 제니스는 대학생들을 대상으로 '미국 군대의 규모' 등에 대한 몇 가지 의견을 조사했다. 그런 다음 한 조건에서는 콜라와 땅콩 등의 간식을 먹으면서, 다른 조건에서는 간식이 없는 상태에서 학생들의 의견과 상반되는 설득 메시지를 들려주었다. 어느 조건의 학생들이 태도를 더 많이 바꿨을까? 예상했던 대로 간식을 먹으면서 들었던 학생들이 태도를 더 많이 바꾸었다.

맛있는 음식뿐 아니라 우리를 유쾌하게 만드는 것은 무엇이건 그것과 연결된 것에 대해 긍정적인 반응을 유발할 수 있다. 이런 현상을 심리학에서는 '연상의 원리Principle of Association' 라고 하며 이 원리는 이제 마케팅 전략의 기본이 되었다. 대부분의 광고는 우리를 즐겁게 해줄 수 있는 어떤 자극과 제품을 연결시키면 제품에 대한 긍정적인 반응을 불러올 수 있다는 연상의 원리를 근거로 만들어진 것이다.



## 함께 먹는다고 항상 관계가 좋아질까?

누군가를 설득하려면 일단 그 사람을 기분 좋게 만들어야 한다. 사람들을 기분 좋게 만드는 방법 중 하나는 맛있는 음식을 제공하는 것이다.

일을 끝내고 함께하는 회식자리만큼 팀워크를 돈독하게 하는 것은 없다. 온 가족이 모여 즐겁게 식사하는 모습은 상상만 해도 행복해진다. 좋은 관계를 만드는 데 함께 식사를 하는 것만큼 효과석인 것이 없다.

그런데 자기 돈으로 회식을 시켜주고도 부하직원에게 미움을 받는 상사가 많다. 그들은 한턱 냈으니 할 얘기를 좀 하겠다는 식으로 잔소리를 늘어놓는다. 하지만 먹을 것 앞에서 잔소리 듣는 것만큼 짜증나는 일은 없다. 아무리 맛있는 것을 사줘도 분위기를 망치면 역효과가 난다. 회식자리에서 스트레스를 주는 주제를 입에 올리는 것은 금물이다.

진수성찬을 차려놓고 밥맛을 뚝 떨어지게 하는 주부들도 많다. "대출금은 어떻게 갚을 생각이에요?" "옆집 아저씨는 보너스를 받았다고 하던데……." "승진은 언제 해요?" 맛있는 저녁을 준비해놓고 그 식탁을 괴로운 고문의 자리로 만드는 부모들도 많다. "학원에 열심히 다니고 있지?" "방 청소 좀 해라. 그게 뭐니?" "성적표 언제 나오니?"

즐거워야 할 식탁에서 왜 이런 말을 하는 걸까? 그 시간이야말로 그런 말을 할 수 있는 절호의 찬스라고 생각하기 때문이다.

하지만 식사시간에는 그런 말을 하지 않는 게 좋다. 아무리 진수성찬이라도 그런 말을 들으면 밥맛이 떨어진다. 그래서 정말 기분 나쁜 사람을 '밥맛 없는 사람'이라고 표현하고 "밥 먹을 때는 개도 건드리지 않는다"는 속담이 생겼다.

그런 식탁은 즐거운 자리가 아니라 피하고 싶은 자리가 된다. 가족 간의 사랑을 느끼는 자리가 아니라 공포와 짜증의 산실이 된다. 그래서 많은 10대들이 부모와 함께 식사하는 것을 피하고 싶어한다.

미국의 조사 결과에 따르면, 가족들과 저녁을 먹지 않는 10대들의 혼전성교 비율이 가족과 함께 저녁을 먹는 10대보다 무려 4배나 높은 것으로 나타났다. 이런 결과는 가정에서의 식사 분위기가 청소년의 탈선행동과 매우 밀접한 관계가 있음을 시사한다.

단 몇십 분의 식사시간이 관계를 더욱 깊게 만들 수도 있고 등을 돌리게 만들 수도 있다. 좋은 관계를 원한다면 함께 식사를 하라. 되도록 즐거운 자리가 되게 하라. 최소한 그 자리를 불쾌한 자리로 만들지는 마라. 전달하고자 하는 메시지를 유쾌한 경험과 연결시키는 것은 사소한 것 같지만 아주 중요한 삶의 지혜다.

누군가와 함께하는 점심이나 가족과 나누는 저녁은 그냥 밥만 먹는 자리가 아니다. 함께 식사를 하는 사람에게 즐거운 시간이 되도록 배려하자. 식사를 약속하면 그 자리를 최고의 자리로 만들 수 있는 방법을 찾아보자. 그리하여 함께 밥 먹고 싶은 사람이 되도록 노력하자. 거래처와의 점심, 직장에서의 회식, 가족들과의 식사시간을 여러분은 어떻게 보내고 있는가?

$W$hy  회식자리를 불편하게 만드는 상사들이 많다. 그들은 왜 그렇게 행동

할까? 음식을 앞에 놓고 하지 말아야 할 말과 행동들은 무엇인가?

$W$hat  가족과의 식사시간을 불편하게 만들었던 대화의 주제를 찾아본다면

어떤 것들이 있는가?

$H$ow  훈계 없는 대화를 준비하자. 오늘 저녁 가족들과의 식탁을 즐겁게 장

식할 대화의 주제 세 가지만 찾아보자.

끌리는 사람은
이렇게
관계를 유지한다

3 지속되는 만남
Staying Relationship

　자신을 잘 표현한 문항에 V를 표시하고 체크한 문항 수를 더해 맨 아래 총점란에 기입해보자.


01  남들의 콤플렉스를 잘 파악하고, 절대로 건드리지 않는다 ·············□

02  남이 보지 못하는 다른 사람들의 장점을 쉽게 찾아낸다 ················□

03  사람들이 재능을 발휘하도록 지도하는 능력이 남다르다 ···············□

04  사람들은 나와 함께 있으면 편하고 즐겁다고 말한다 ···················□

05  나를 아는 사람들은 나와의 관계를 자랑스럽게 생각한다 ··············□

06  아무리 친해도 상대방의 개인영역을 침범하지 않는다 ·················□

07  잘못했으면 변명하기보다는 일단 사과부터 먼저 한다 ·················□

08  어려운 상황에서도 감사할 일을 찾고 감사 표현을 잘한다 ·············□

09  받기보다는 먼저 주는 편이고, 받으면 반드시 되갚는다 ···············□

10  인간관계나 일에서 시작은 물론 끝마무리도 중시한다 ·················□


총점 : ＿＿＿＿＿＿＿＿

**〈결과 해석〉**

**8~10점**  한번 사람을 만나 친밀관계가 형성되면 오랫동안 좋은 관계를 유지할 수 있다. 당신은 이 책의 3부를 읽을 필요가 없다. 지금까지 해왔던 대로 하면 문제가 없다.

**4~7점**  친밀한 관계를 장기적으로 유지할 수 있는 여러 가지 호감 요인을 이미 갖고 있다. 3부를 꼼꼼히 읽고 부족한 점을 조금만 보완한다면 당신이 만난 대부분의 사람과 좋은 관계를 유지할 수 있다.

**0~3점**  호감을 주어 친밀관계를 형성했다 해도 그 관계를 장기적으로 유시하는 데는 문제가 있다. 하지만 지금까지의 태도를 점검하고 더 효과적인 해결책을 찾아 변화를 시도하면 지금이라도 늦지 않다.

# 관계를 알리고 싶은 사람이 되라



왜 무뚝뚝한 그 정비사를 찾아갈까? 차를 잘 고치기 때문이다. 왜 불친절한 그 식당을 찾게 될까? 맛이 좋기 때문이다. 성적이 짠 그 교수의 과목을 왜 수강할까? 잘 가르치기 때문이다. 유능한 사람은 언제나 무능한 사람보다 더 많은 팬을 갖고 있다. 그들은 더 높은 자리에서 더 많은 영향력을 발휘한다.

영화를 보거나 소설을 읽을 때, 사람들은 자기도 모르게 등장인물 중 누군가와 동일시한다. 누구와 동일시할까? 말할 것도 없이 주인공이다. 주인공은 어떤 사람일까? 그들은 대개 매우 매력적이거나, 유능하거나, 강한 자들이다.

사람들은 왜 매력적인 사람이나 강한 자를 좋아할까? 그런 사람과 가까이 있으면 얻는 것이 많기 때문이다. 잘생긴 사람은 보고만 있어도 기분이 좋고, 강한 사람과 친하게 지내면 뭔가 얻는 게 있다. 사람들이 보상을 제공할 수 있는 대상에게 호감을 갖게 되는 심리적 현상을 '단순보상의 효과Simple Reward Effect' 라고 한다.

## 잘난 사람과 함께 있으면 주가가 올라간다

사람들이 유능하고 매력적인 사람을 좋아하는 또 다른 이유는 그런 사람과 같이 있으면 자신의 주가도 덩달아 올라갈 것이라고 생각하기 때문이다. 심리학자인 해롤드 시갈은 대학생들을 대상으로 한 실험에서 그 사실을 확인했다.

그는 대학생들에게 한 쌍의 부부 사진을 보여주면서 남편의 사회적 지위나 명성 정도를 추측하게 했다. 연구 결과, 아내의 매력 정도는 남편의 사회적 명성이나 지위를 평가하는 데 매우 중요한 자료가 됨을 확인했다. 즉, 매력적인 여자와 못 생긴 남자 커플의 경우가 남녀 모두 못생긴 커플, 남녀 모두 매력적인 커플, 매력적인 남자와 못생긴 여자 커플에 비해 여러 가지 점에서 가장 높은 점수를 받았다.

왜냐하면 못생긴 남자가 매력적인 여자를 아내로 둔 것은 그 남자가 틀림없이 뭔가 특별한 능력이 있는 사람일 것이라고 추측했

기 때문이다. 반면, 못생긴 아내와 함께 있는 잘생긴 남자는 사회
적 지위나 명성에 대한 평가에서 가장 낮은 점수를 받았다.

예쁜 여자랑 함께 다니는 못생긴 남자는 뭔가 특별한 게 있을
거라고 보는 것처럼 매력적인 짝과 함께 있는 사람의 사회적인 지
위나 가치를 높게 평가하는 것을 '방사 효과Radiation Effect' 라고
한다. 남자들이 신체적으로 매력적인 여성을 짝으로 선택하는 것
이나 여자들이 유능한 남성을 짝으로 선택하는 이유는 그것을 통
해 단순보상뿐 아니라 자신의 지위를 과시하거나 주가를 올릴 수
있다고 생각하기 때문이다.

## "승자 곁에 있고 싶다."

사람들이 성공한 사람, 힘 있는 사람, 인기 있는 사람들과 함께 어울리고 싶어하는 것은 짝 관계에만 한정된 현상이 아니다. 사람들이 한 사람을 평가할 때 사용하는 중요한 정보 중의 하나는 그 사람이 어떤 사람들과 관계가 있는지의 여부다. 그래서 자신의 사회적 이미지를 고양시키기 위해 사람들은 성공한 사람, 힘 있는 사람, 인기 있는 사람들을 어떻게 해서든 자기와 연결시키려 애를 쓴다.

"우리 아버지는 독립군이었다." "당신의 아버지는 일제 만주국 경찰이었다." 한 국회의원의 주장과 월간지의 폭로기사가 보도되면서 이 사건은 법정싸움으로까지 비화되었다. 왜 그는 아버지가 독립군임을 알리고 싶었을까? 존경받는 사람과 관련시키면 자신의 이미지를 고양시킬 수 있기 때문이다. 사람들이 성공한 사람, 권력을 가진 사람, 인기가 많거나 매력적인 사람과의 연결고리를 공개함으로써 자신의 이미지를 고양시키는 것을 '반사된 영광 누리기Basking in Reflected Glory' 라고 한다.

"그 정치인, 나와 군대 동기야." "그 선수, 우리 고향 출신이야." "그 탤런트, 우리 학교에 다녀." 저명인사나 인기 연예인들과 친분이 있다고 말하거나 그런 사람들과 대면했던 일을 자랑하는 사람들이 많다. 이런 식의 행동은 연결고리가 다소 헐겁기는 하지만 모두 반사된 영광 누리기 효과를 노리는 심리에서 나온다.

이런 심리가 보편적인 현상인지를 확인하기 위해 심리학자 로버트 치알디니는 대학생들이 자기 학교 미식축구팀이 승리를 했을 때 보이는 학생들의 태도를 관찰했다. 이 연구는 미식축구 강호로 알려진 7개 대학에서 동시에 진행됐다. 치알디니 박사는 자기 학교의 팀이 승리를 하면 학생들이 자기 대학의 로고가 새겨진 티셔츠를 더 많이 입을 것이라고 예상했다. 조사 결과, 실제로 자기 학교가 승리를 하면 평소보다 더 많은 학생들이 학교 티셔츠를 입고 등교했으며, 일방적인 승리를 하면 그보다 훨씬 더 많은 학생들이 학교 티셔츠를 입고 등교했다.

학생들은 왜 자기 팀이 승리했을 때 학교 티셔츠를 더 많이 입었을까? 자기와 승리한 팀의 관계를 공표함으로써 자기 이미지를 고양시킬 수 있다고 믿기 때문이다.

반사된 영광 누리기 효과는 개인뿐 아니라 집단이나 조직의 이미지 관리에도 널리 활용된다. 최근 들어 지방자치제도가 자리를 잡아가면서 지역마다 수많은 축제행사들이 열리고 있다. 축제에서는 한결같이 '심청의 마을', '홍길동의 고장' 등 그곳과 관련된 역사적인 인물을 내세우고 있다. 모두 자기 고장의 이미지를 고양시키기 위한 선략이다. 반사된 영광 누리기 효과는 비즈니스 세계에서 브랜드 이미지를 고양하거나 마케팅 전략을 세울 때에도 사용된다. 일례로 나이키는 한 해에 2천만 달러나 지불하면서 타이거 우즈에게 자사의 골프 의류를 입힌다. 실제로 나이키가 우즈와 첫 전속계약을 한 1996년, 골프 의류와 신발 매출액은 전년도에 비해 260퍼센트나 증가했다.



## 이런 사람과는 거리를 두고 싶다

사람들은 못나거나 무능하거나 실패한 사람과 관련되는 것을 싫어한다. 조금이라도 관계가 있다면 어떻게든 그 연결고리를 끊고 싶어한다. 나는 아직까지 친일파의 핵심 인물이 자기 조상이라거나, 연쇄살인범이 어린 시절 절친했던 친구라거나, 비리 정치인이 자기 학교 출신이라고 자발적으로 공개하는 사람을 만난 적이 없다.

사회적으로 지탄받는 어떤 사람과 연결됨으로 인해 그 불똥이 자기에게까지 튀기를 원치 않기 때문이다. 이처럼 반사된 영광 누리기와 반대로 주위의 실패나 부정적인 평가와 관련되는 것을 애써 외면하려는 심리현상을 '반사된 실패 차단하기Cutting Off

Reflected Failure' 라고 한다.

심리학자 로버트 치알디니는 자기와 관련될 수 있는 실패를 외면하려는 심리가 보편적인 현상인지를 재치 있는 실험으로 확인했다. 연구자는 미식축구 경기에 참가한 대학생들에게 전화를 걸어 경기 결과에 대해 설명해주기를 요청했다. 학생들 중 절반에게는 자기 대학이 승리했던 경기에 대해서, 그리고 나머지 절반에 대해서는 패배한 경기에 대해 설명해주기를 요청했다. 그리고 그들의 말을 녹음하고 녹음된 문장을 분석했다.

승리한 결과에 대해 설명하는 학생들은 패배한 결과에 대해 설명하는 학생들보다 '우리' 라는 단어를 훨씬 더 많이 썼다. 예를 들면 이런 식이었다. "우리가 휴스턴 대학교를 17 : 14로 이겼어요." 여기서 주목해야 할 대목이 있다. '그들이 이겼다' 도 아니고 '우리 팀이 이겼다' 도 아니다. '우리가 이겼다' 라고 표현함으로써 많은 학생들이 자기와 선수단을 동일시하고 있었다.

그런데 경기에 진 편의 학생들은 어떻게 반응했을까? 그들의 반응은 완전 딴판이었다. "점수는 정확히 기억나지 않지만 그들이 졌습니다." 때로는 화가 난 목소리로 "전국 챔피언이 될 수도 있었는데, 그늘 때문에 우리가 졌습니다." 자기 팀이 이겼을 때는 되도록 자신과 팀을 동일시하는 표현을 쓴 데 반해 자기 팀이 졌을 때는 최대한의 거리를 두는 표현을 선택한 것이다.

사람들은 매력적이거나 강하거나 유능하거나 성공한 사람을 좋아하며 그들 곁에 있고 싶어한다. 사람들은 모두 승자와 연결시켜 자존심을 고양시키고 자신을 좀더 긍정적으로 보여주고 싶어한다. 반면 실패자들을 멀리함으로써 자신의 이미지를 보호하려고 한다.

가족으로서, 동료나 상사로서, 비즈니스 파트너로서 그대는 상대에게 무엇을 제공할 수 있는가? 그들은 그대와의 관계를 어떻게 평가하고 있는가? 다른 사람들이 자신과의 관계를 자랑하고 싶어할 수 있는 점이 하나도 없다면 심각하게 자신을 돌아봐야 한다. 다른 사람에게 없는 그대만의 뭔가를 갖고 있다면 사람들은 그대와 더 많은 것을 공유하고, 그대에게 더 많은 것을 제공하고 싶어할 것이다.

**W**hy  내가 누군가와의 관계를 될 수 있는 한 감추고 싶어한다면 그는 누구

이며, 그 이유는 무엇 때문인가?

-------------------------------------------------------------

**W**hat  나는 사람들이 나와의 관계를 감추고 싶어하는 남부끄러운 존재인

가? 그저 그런 존재인가? 아니면 자랑하고 싶어하는 존재인가?

-------------------------------------------------------------

**H**ow  나와 관계되는 사람들이 나와의 관계를 더 자랑스럽게 여기게 하려

면 지금부터 내가 해야 할 일은 무엇인가?

-------------------------------------------------------------

# 콤플렉스를 건드리면
# 돌부처도 돌아선다



한 취업정보 사이트에서 구직자 1,278명(남성 515명, 여성 763명)을 대상으로 '추석 때 가장 듣기 싫은 말'을 조사해 발표했다. 구직자들이 명절 때 가족이나 친지로부터 가장 듣기 싫어하는 말은 "아직도 놀고 있니?"와 같은 취직 여부를 묻는 질문(전체 응답자의 37.2퍼센트)인 것으로 나타났다. 특히 여성들은 "언제 결혼할래?"(21.1퍼센트) "살이 많이 쪘다."(20.1퍼센트) 등 결혼이나 외모에 관한 말을 들었을 때 스트레스를 가장 많이 받는다고 보고했다. 미취업 백수들과 노총각 노처녀에게 명절은 정말 끔찍한 공포다.

## 이런 말은 정말 듣기 싫다

서울의 한 백화점이 직원들을 대상으로 상사로부터 듣기 싫은 말을 조사한 적이 있다. 가장 듣기 싫은 말은 "누구는 잘하는데 당신은 왜 이래?" 식의 비교성 표현(38퍼센트)으로 나타났다.

또 직장인들은 나이와 관련시켜 말하는 것도 매우 듣기 싫어하는 것으로 조사됐다. 한 쇼핑몰 업체의 조사 결과에 따르면 "결혼 안 해?" "아직도 혼자야?"라는 식의 노처녀나 노총각을 암시하는 말(29퍼센트)을 가장 싫어했으며, "아직도 과장이야?" 등 나이와 능력을 관련시켜 자존심을 건드리는 말(20퍼센트)이 2위로 나타났다. 또 "나이보다 늙어 보인다." "주름이 장난이 아니다."는 식의 나이와 외모를 관련시키는 말(15퍼센트)도 몹시 기분을 상하게 하는 것으로 조사됐다.

군인들 역시 듣기 싫은 말이 있다. 국방저널에 발표된 조사 결과를 보면 신참 사병들이 고참들로부터 가장 듣기 싫어하는 말은 "넌 할 줄 아는 게 뭐야!" "어리버리하긴. 지금 뭐하냐?" "네가 하는 게 다 그렇지." 등이었다. 반면 고참들은 신참들이 "똑바로 하십시오." "왜 그러십니까?"라고 대꾸할 때가 가장 기분이 나쁘다고 응답했다.

아이들 역시 부모로부터 듣기 싫어하는 말이 있다. 중·고등학생 300여 명을 대상으로 조사한 결과, 아이들은 공부와 성적에 대한 말을 가장 듣기 싫어했다. 그 다음으로 싫어하는 말은 형제나 친구 등 다른 사람과 비교하는 것이었다.

우리 집 큰아이가 학교에 잘 적응하지 못했던 때였다. 지금은 고인이 되신 아이의 외할머니는 친할머니와 함께 우리 집에 방문하실 때면 아이가 친할머니만 좋아하는 것 같다며 "역시 피는 못 속인다."고 푸념을 하시곤 했다. 아이에 대한 외할머니의 사랑은 누가 봐도 각별했고 친할머니보다 용돈도 넉넉하게 주시고 선물도 더 많이 사오셨다.

그런데도 아이는 왜 친할머니를 더 따랐을까? 내가 보기에는 딱 한 가지 이유가 있었다. 외할머니는 오실 때나 가실 때나 "공부 잘하고 있지?" "공부 열심히 해라." 등 공부와 관련된 질문이나 당부 말을 빼놓지 않으셨다. 그러나 친할머니는 아이 앞에서 공부나 성적을 언급하신 적이 거의 없었다.

## 콤플렉스를 건드리면 돌부처도 돌아선다

무슨 말을 해도 다 받아줄 것 같은 성인군자도 화를 낼 때가 있다. 돌부처 같은 사람도 어떤 부분을 건드리면 견디지 못하는 경우가 있다. 사람이라면 누구나 절대로 자극받고 싶지 않은 민감한 부분, 즉 그 사람만의 콤플렉스를 갖고 있다.

한비자韓非子는 군주를 설득하는 과정의 어려움을 다룬 〈세난

說難〉편에서 상대의 치부를 건드리면 결코 그를 설득할 수 없음을 역린지화逆鱗之禍로 경고했다.

"용이란 원래 순한 동물이다. 길을 잘 들이면 사람이 타고 다닐 수도 있다. 하지만 목 근처의 길이가 한 자나 되는 거꾸로 난 비늘, 역린을 건드리면 절대로 안 된다. 용은 이것을 건드리는 자를 반드시 죽여버린다. 군주에게도 이런 역린이 있으니 절대로 이 역린을 건드려서는 안 된다."

군주만 역린을 갖고 있는 것이 아니다. 사람이라면 누구나 자기 나름의 역린을 가지고 있다. 역린이란 요즘 말로 표현하면 그 사람의 핵심 콤플렉스Core Complex다. 어떤 사람과 좋은 관계를 원한

다면 자극받고 싶어하지 않는 그 사람의 역린이 무엇인지를 헤아려야 한다. 아무리 허물없는 사이라도 그 사람의 역린을 건드리면 안 된다.

사람들은 취업을 못한 친지에게 왜 취직 여부를 물어볼까? 결혼 못한 노처녀에게 왜 "시집은 언제 가냐?"고 질문할까? 공부를 못하는 아이에게 왜 "공부 좀 잘해라."고 당부할까? 그들은 하나같이 "걱정이 되니까." "애정과 관심이 있으니까."라고 말한다. 하지만 아무리 선의를 갖고 한 말이라도 상대가 그 말로 상처를 입었다면 그것은 결코 선의가 아니다.

좋은 말도 많은데, 모처럼 만나면 이런 식으로 인사하는 사람들이 있다. "어디 아파?" "얼굴색이 안 좋다." "너무 말랐네." "머리숱이 많이 줄었어." 내가 어떤 의도로 말했는지는 중요하지 않다. 그 말을 상대방이 어떻게 받아들이는지가 중요하다. "아무리 A를 말했다고 해도 상대방이 그것을 B라고 들었다면 우리는 B를 말한 것과 같다." 이게 의사소통의 기본 원리다.

## 제발 이런 말만은 하지 말자

대학원생들의 종강 파티에서였다. 평소에도 생각 없이 던지는 말로 상대방을 무안하게 만들곤 하는 한 남학생이 앞에 앉은 여학생을 빤히 쳐다보면서 걱정스러운 듯이 말했다. "너 여드름이 너무

심하다. 피부과에 좀 가봐라." 그 자리에 있던 동료 후배들의 시선이 일제히 자기에게 쏠리자, 그 여학생의 얼굴이 순간 굳어졌다.

다행히 그 여학생의 재치로 어색한 상황을 넘기긴 했지만 함께 있던 다른 사람들의 마음까지 조마조마하게 만든 자리였다. 나중에 다른 자리에서 그 여학생은 나에게 "제일 짜증나는 일은 누가 내 얼굴에 관심을 갖는 것!"이라고 털어놨다. 여드름은 그녀에게 역린 그 자체였다.

부부관계에서도 차마 해서는 안 될 말이 있고 넘어서는 안 될 선이 있다. 아내와의 불화로 이혼을 결정하기 전에 내게 상담을 받으러 온 40대 중반의 실직자가 있었다. 다른 것은 몰라도 이 점만은 용서가 안 된다며 그가 털어놓은 말은 이렇다. 아이들을 야단칠 때 아내는 "네 아빠처럼 안 되려면 공부 좀 열심히 해라." "어쩌면 저렇게 제 아빠를 닮았는지."라고 말한다는 것이다.

"솔직하게 말하라." "대화를 자주 하라." 이런 말은 인간관계를 다루는 책이라면 어디서나 나오는 약방의 감초 같은 말들이다. 그 말은 옳다. 확실히 솔직한 표현과 많은 대화는 좋은 관계를 위해 필요하다. 하지만 그 말은 부분적으로만 옳다.

결혼생활을 1년이라도 해본 사람이라면 가족치료 전문가인 제프리 레어슨의 말에 모두 동의할 것이다. "모든 것을 솔직하게 털어놓는 것이 행복한 결혼생활을 보장한다는 것은 미신이다."

갈등이 심한 부부들을 만나보면 대화가 없어서가 아니라 대화가 많아서 문제가 되는 경우가 더 흔하다. 그들의 대화는 부정적인 감정을 노골적으로 표현하는 경우가 너무 많다. 그들 중에는 건드리지 말아야 할 상대의 핵심 콤플렉스를 끄집어내는 데 도가 튼 사람들이 의외로 많다.

다른 사람들에게 씻을 수 없는 상처를 입히면서도, 정작 그 사실을 잘 깨닫지 못하는 사람들이 많다. 그들은 "그래도 뒤끝은 없다."라고 말하며 자기 행동을 정당화한다. 하지만 뒤끝이 없는 것은 자기 생각이지 당하는 사람은 다르다. 그로 인해 받은 상처는 결코 쉽게 아물지 않는다. 차마 해서는 안 될 말로 상대방에게 상처를 입히는 것과 자신의 감정을 솔직하게 표현하는 것은 그 질이 다르다.

상대방의 신경을 곤두서게 하는 말을 서슴없이 꺼내는 사람들이 있다. 성형수술과 같이 다른 사람들이 몰라주기를 바라는 것, 키나 얼굴 생김새 같은 신체적인 결점, 출신 배경이나 학력과 같이 밝히고 싶지 않는 약점, 결혼이나 취업 또는 성적과 같이 남과 비교해 열등한 점, 이미 지나간 과거의 실수들, 제발 이런 것은 건드리지 말자. 웬만하면 모른 척 넘어가자. 자신의 핵심 콤플렉스를 털어놓는 사람에게도 곧이곧대로 상대의 말에 맞장구치지 말고 그리 나쁘지 않다고 말해주자. 단점을 지적해달라고 부탁받을 때도 노골적으로 단점만 지적하기보다 그 속에 감춰진 장점을 찾아주자.

"뭐 틀린 말 했어?"라고 되물으면서 다른 사람의 아픈 곳을 건드리는 습관을 갖고 있다면 다음과 같은 프랑스 속담을 명심해야 한다. "진실만큼 마음에 거슬리는 것은 없다." 진실 여부와 상관없이 누구든 아픈 곳을 찔리면 화가 난다. 세상에 아픈 곳을 찔러대는 사람을 좋아할 사람은 아무도 없다.



Why 다른 사람의 핵심 콤플렉스를 건드리는 이유는 무엇이며, 그것을 통해 얻거나 잃는 것은 무엇인가?

What 다른 사람이 건드리지 않기를 바라는 나의 역린은 무엇이며, 그것을 건드렸을 때 나는 어떤 기분과 생각이 드는가?

How 주변 사람들을 떠올리면서 그들의 핵심 콤플렉스를 찾아보자. 그들에게 하시 말아야 할 말들을 찾아보자.

# 행복한 관계를 위한 마법의 비율, 5:1

　　부부 상담 전문가인 워싱턴대학교의 심리학자 존 고트먼 교수는 오랫동안 행복한 관계를 유지하려면 긍정적인 말을 부정적인 말보다 다섯 배 정도 더 많이 해야 한다고 주장한다. 그는 700쌍 이상의 부부들을 관찰해 이 사실을 확인했다.

　　그는 비디오 촬영을 통해 부부들의 대화를 분석해 행복한 결혼생활과 이혼 여부를 결정짓는 가장 중요한 변수를 찾아냈다. 그것은 부부간에 주고받는 긍정적인 대화와 부정적인 대화의 비율이었다.

　　분석 결과, 금실이 좋은 부부들은 비난이나 무시와 같은 부정적인 발언을 한 번 했다면 격려나 칭찬과 같은 긍정적인 표현을 적어도 다섯 번 이상 하는 것으로 나타났다. 반면 긍정적인 대화와 부정적인 대화의 비율이 5:1 이하로 떨어지면 결혼생활에 금이 가기 시작해, 고트먼 박사는 이를 '마법의 비율Magic Ratio 5:1'이라고 명명했다.

　　행복한 결혼생활을 원한다면 상대방에게 부정적인 메시지 하나를 전달할 때마다 적어도 다섯 개 이상의 긍정적인 메시지를 전달해야 한다.

# 위대한 사람에겐
# 그를 믿어준 사람이 있다

내가 위대한 사람이 되려고 열망했던 것은
나에 대한 어머니의 믿음 때문이다.
—S. 프로이트

"온달님은 성실하고 힘이 좋으니까 노력하면 틀림없이 장군이 될 수 있을 거예요." 평강공주의 이 한마디에 바보 온달은 완전히 다른 사람이 되었다. 낮에는 활쏘기와 칼 쓰기를 익혔고, 밤에는 책을 부지런히 읽었다. 눈먼 홀어머니에 내세울 것 하나 없는 한낱 무명의 사내를 한 나라의 으뜸가는 장수로 바꾼 것은 온달에 대한 평강공주의 기대와 신뢰였다. 평강공주를 만나지 못했더라면 바보 온달은 평생 바보로 지냈을지 모른다.

프로이트는 그의 저서 《꿈의 해석》에서 자신이 위대한 사람이 되려고 노력했던 것은 "너는 장차 위대한 인물이 될 것이다."라는 어머니의 믿음 때문이라고 말했다. 친구들로부터 따돌림을 당하고 엉뚱한 실수를 저지르기 일쑤인 레오나르도 다빈치에게 그의 할머니는 항상 이렇게 말했다. "넌 무슨 일이든 해낼 수 있어. 할머니는 너를 믿는다." 위대한 일을 해낸 사람, 누구를 붙잡고 물어봐도 그 곁에는 언제나 그를 믿어준 사람이 있었다.


## "당신이 숙녀로 대해주니까 당신에게는 숙녀가 되지요."

가능성을 믿어주면 기대에 부응하는 결과가 일어나는 것을 '피그말리온 효과Pygmalion Effect'라고 한다. 피그말리온은 그리스 신화에 나오는 조각가의 이름인데, 그 신화의 내용은 다음과 같다.

키프로스의 조각가 피그말리온은 여성을 혐오해 평생 독신으로 지내기로 했다. 한번은 상아로 여자를 조각했는데 그 아름다움이 너무 완벽해 그 작품과 사랑에 빠지고 말았다. 그는 살아 있는 연인을 대하듯이 조각에 옷을 입히고 손가락에 보석 반지를 끼우고 목에는 진주 목걸이를 걸어주었다. 그는 상아 여인에게 자신이 할 수 있는 모든 정성을 다 쏟았다. 아프로디테 제전에서 자기의 임무를 훌륭히 끝낸 피그말리온은 제단 앞에서 간절히 기도했다. "신들이여! 저 상아 처녀를 제 아내로 점지해주소서." 그의 정성에 감복한 아프로디테는 그의 소원을 들어주었다. 피그말리온이 집으로 돌아와 소파에 누인 조각을 보자 생기가 도는 것 같았다. 손을 가만히 만져보니 따뜻한 체온이 느껴졌다. 입술을 처녀의 입술에 갖다대자 그 처녀는 수줍은 듯 얼굴을 붉혔다.

버나드 쇼는 이 신화에서 힌트를 얻어 1913년, 교육을 통해 인간의 품위를 변화시킬 수 있다는 주제를 다룬 희곡 〈피그말리온〉을 발표했다. 이 희곡은 독신주의 언어학자 헨리 히긴스 교수가 빈민가의 꽃 파는 소녀를 언어교정을 통해 6개월 내에 귀부인으로 만들 수 있다고 친구와 내기를 했고, 결국 그녀와 사랑에 빠진다는 내용이다.

희곡 〈피그말리온〉을 각색한 영화 〈마이 페어 레이디〉에서 주인공 일라이자는 이렇게 말한다. "피커링 대령이 아니었으면 예의가 뭔지 몰랐을 거예요. 그분은 절 꽃 파는 아가씨 이상으로 대해주셨어요. 꽃 파는 아가씨와 숙녀의 차이는 어떻게 대접받느냐의 문제예요. 히긴스 교수님에게 저는 평생 꽃 파는 아가씨일 수밖에 없어요. 하지만 피커링 대령에게 저는 항상 숙녀가 될 수 있죠."

사람들의 태도와 행동은 그가 어떻게 대접받느냐에 따라 달라진다. 여러분은 자신의 가족이나 주변 사람들을 어떻게 대접하고 있는가?

## 교사는 교실 안의 피그말리온

홀륭한 업적을 남긴 사람들은 누구나 잊지 못할 스승이 한두 분 있다고 말한다. 그만큼 교사의 역할은 중요하다. 하버드대학교 심리학과 교수 로젠탈 박사와 초등학교 교장 레노어 제이콥슨 박사는 빈민들이 많이 거주하는 미국의 오크 초등학교 교사와 학생들을 대상으로 피그말리온 효과를 실험으로 증명했다.

학년 초, 담임교사들에게 몇 명의 학생 명단을 주면서 이 아이들은 여러 가지 심리검사 결과에서 잠재력이 매우 뛰어난 것으로 확인되었다고 알려주었다. 그리고 이 사실을 학생들이나 학부모들에게는 알리지 말라고 당부했다.

사실, 이 아이들은 심리검사나 성적과는 상관없이 무작위로 선발된 아이들이었다. 그리고 1년 후에 학생들의 성적과 행동을 평가했다. 평가 결과, 1학년의 경우 잠재력이 뛰어난 것으로 기대되었던 아이들은 IQ가 무려 24점이나 올랐으며 다른 아이들에 비해 대인관계 등 학교생활 전반의 변화가 훨씬 더 뚜렷했다. 기대집단의 아이들과 비교집단의 아이들은 원래 능력 면에서 차이가 없었다. 그런데 어떻게 이런 결과가 나왔을까?

우선 교사들은 잠재력이 있다고 기대되는 아이들에게 관심을 더 많이 기울인다. 그리고 이런 교사의 태도는 의식적, 무의식적으로 교사의 목소리, 표정, 몸짓 등을 통해 학생들에게 전달된다.

둘째, 교사들로부터 알게 모르게 받게 되는 관심과 격려는 학생들의 태도를 긍정적으로 변화시키고 학습동기를 고취시킨다. 그리고 교사의 기대에 부응하기 위해 더 많은 노력을 기울인다.

셋째, 학생들이 더 많은 노력을 기울이게 되면 성적이 오르게 되고, 학생들의 성적이 오르면 교사들은 자신의 믿음이 옳다는 것을 확인하게 된다. 그 결과 교사들은 그 학생들에게 더 많은 기대를 하게 되고 그 기대는 다시 교사의 목소리, 표정, 몸짓과 말로 학생들에게 전달된다.

로젠탈과 제이콥슨은 자신들의 실험 결과를 이렇게 요약하고 있다. "교사가 우수한 학생이라는 기대를 가지고 가르치면 그 학생들은 우수하게 성장할 확률이 더 크다. 교사는 마음으로 아이를 조각하는 교실 안의 피그말리온이다."

**피그말리온 효과가 나타나는 과정**

1. 잠재력을 믿게 되면 교사의 애정과 기대가 커진다.

2. 기대에 부응하기 위해 학생들은 더 많이 노력한다.

3. 결과가 좋으면, 교사의 애정과 기대는 더 커진다.

## 이 한마디 때문에……

'I just called to say I love you'라는 곡을 세계적으로 히트시킨 스티비 원더는 어린 시절 한낱 눈먼 흑인 소년에 불과했다. 그는 귀가 밝아 작은 소리를 들을 수가 있었다. 어느 날 교실 안에 쥐가 들어왔고 그 눈먼 소년은 귀를 기울여 쥐가 어디 있는지 알아냈다. 쥐는 쉽게 잡혔다. 선생님은 그를 따로 불러 이렇게 말했다. "넌 우리 반의 어떤 친구도 갖지 못한 능력을 갖고 있어. 네겐 특별한 귀가 있잖니." 이 말 한마디로 소년의 인생은 완전히 달라졌다.

패션 디자이너로 유명한 앙드레 김이 초등학교 다닐 때, 미술 선생님이 앙드레 김의 그림을 보고 "이 그림은 독창적이고 창의적이다. 굉장하다."고 극찬했다. 그 선생님의 칭찬에 앙드레 김은 예술가가 되겠다는 꿈을 키웠다고 한다.

탤런트 최불암은 주연을 맡았던 〈햄릿〉이 실패한 뒤 도망치듯 군에 입대했다. 훈련 중 날아온 오발탄으로 병을 얻어 우울한 상태에서 자살을 생각하기도 했다. 그러나 "불암아! 노역은 너 따라갈 사람이 없다."는 한 선배의 말이 떠올라 꿈을 포기하지 않았다. 그는 지금 우리나라에서 가장 존경받는 탤런트 중 한 명이 되었다.

피그말리온 효과는 교사와 학생뿐 아니라 부부, 부모와 자녀, 상사와 부하, 동료 사이에서도 폭넓게 적용되는 현상이다. 여러분은 지금의 자리에서 누구를, 어떻게 조각하고 있는가?

Why  피그말리온 효과란 무엇이며, 이것이 인간관계에서 중요한 이유는 무엇인가?

What  용기와 희망을 잃지 않게 하고 이 자리까지 오게 해준 사람이 있다면, 그는 누구이며 그가 내게 해준 것은 무엇인가?

How  나의 기대나 믿음이 누군가의 인생에 중요한 영향을 미칠 수 있다면, 그들은 누구이며 내가 해줄 수 있는 일은 무엇인가?

# 알렉사 선생님께 이 책을 바친다

"어떤 교사도 저능아로 낙인찍힌 나에게 관심을 기울이지 않았다. 그러나 4학년 때, 대학을 갓 졸업하고 담임으로 부임하신 알렉사 선생님은 달랐다. 그녀는 생활기록부 내용을 무시했다. '넌 잘할 수 있다'고 말하면서 다른 선생님들보다 더 많은 것을 기대하고 요구했다. 나는 선생님을 기쁘게 해주고 싶었다. 선생님이 기대한 것 이상으로 피나는 노력을 해서 난생 처음으로 전 과목 A학점을 받았다.

중학교에 들어간 나는 IQ를 연구하는 심리학자가 되기로 결심했다. 그리고 예일대학교의 심리학 교수가 되었다. 초등학교 4학년 때 만약 다른 분이 담임으로 왔다면 나는 예일대학교 연구실을 차지한 교수가 아니라, 그 방을 청소하는 사람이 되었을지도 모른다."

이 사람은 오늘날 지능 분야에서 세계 최고의 학자로 인정받고 있는 로버트 스턴버그 박사다. 그가 쓴 책 《성공 지능》의 첫 장은 단 한 문장의 내용을 담고 있다.

"내 인생의 방향을 바꾸어주신 알렉사 선생님께 이 책을 바친다."

# 뜻밖의 작은 배려가
# 친밀감을 더해준다

성공한 사람들은 어떤 상황에서도 자신이
원하는 결과를 얻을 수 있는 대답을 찾아낸다.
—앤서니 라빈스

초등학교 5학년 때의 일이다. 무섭기로 소문난 헌병대 출신 선생님이 담임을 맡게 되었다. 시험이 끝난 지 며칠 안 돼 친구로부터 선생님이 날 부른다는 말을 듣고 겁을 잔뜩 집어먹은 채 교무실로 갔다. 선생님은 입을 꼭 다문 채 무서운 표정으로 한참을 쳐다보신 후에 이렇게 말씀하셨다. "공부 좀 할 것 같은데 성적이 왜 이렇게 엉망이냐?" 그리고 또 한참 뜸을 들이신 후, "잘할 수 있지?" 하면서 씩 웃으셨다.

시험 결과를 잘 알고 있는지라 혼날 각오를 단단히 하고 있었다. 그런데 평소에 잘 웃지도 않던 선생님이 내게 보여주신 태도는 그야말로 의외였고 감동 그 자체였다. 그때부터 나는 그 선생님뿐 아니라 공부 자체도 좋아하게 되었다. 그 선생님이 평소에도 유순하고 친절했다면 그렇게까지 감동했을까?

## 납치된 사람이 납치범을 사랑하다

17세의 여고생을 납치해 40일간 감금했던 40대의 남자가 잡혀 일본 전역을 경악하게 만든 사건이 있었다. 그런데 피해 당사자인 여고생은 오히려 납치범에 대해 매우 호의적이었다. 이 사건은 《여고생 유괴 사육사건》이라는 제목의 소설로 출간되어 베스트셀러가 되었으며 〈완전한 사육(최근 국내에서 〈신주쿠 여고생 납치사건

〉으로 개봉》이라는 제목으로 영화화되어 공전의 히트를 쳤다.

이처럼 납치범과 같이 공포의 대상에 대해 두려움이나 분노감을 느끼기보다는 오히려 호감을 느끼는 경우들이 있는데 이를 '스톡홀름 신드롬Stockholm Syndrome' 이라고 한다. 이 말은 실제로 스웨덴의 스톡홀름에서 일어난 은행 강도의 인질사건에서 유래했다.

1973년, 스톡홀름의 한 은행에서 강도사건이 발생했다. 무장 강도들은 네 명의 인질을 6일 동안 붙잡고 경찰과 대치했다. 인질들은 처음에는 공황상태에 가까운 공포감을 느꼈다. 하지만 시간이 지나면서 점차 강도들에게 호감을 갖기 시작했다. 인질극이 끝나고 경찰에서 증언을 할 때 인질들은 인질범들에게 불리한 증언을 하기는커녕 오히려 그들을 동정하고 선처를 요구했다. 한 여성은 인질범 중 한 명과 사랑에 빠져 약혼자에게 파혼을 선언했다. 어떻게 이런 일이 일어날 수 있을까?

인질이 된 상황에서 피해자들은 생살여탈生殺與奪권을 쥐고 있는 범인들에 대해 극도의 공포심을 갖게 된다. 그런 위협 상황에서 두려움을 제거하거나 작은 친절을 베푸는 사람이 있으면 쉽게 호감을 느끼게 된다. 이처럼 위협 상황에서 공포감을 제거해주는 사람에게 호감을 형성하는 현상을 사랑의 '공포 감소 모델Fear Reduction Model'이라고 한다.

## 기대가 크면 실망도 크다

앞서 소개한 납치 피해자들이 납치범에게 호감을 느낀 이유는 매우 간단하다. 해를 끼칠 것이라는 피해자들의 예상과 달리 납치범들이 오히려 친절을 베풀었다는 것이다. 납치 상황이 아니라면 그 정도의 친절은 호감을 끌 만한 영향력을 갖지 못한다. 호감을 갖게 된 이유는 납치범들의 행동이 피해자들의 기대를 위반했기 때문이다.

똑같은 행동도 그 사람에 대한 우리의 기대에 따라 평가가 달라진다. 때가 되면 언제나 푸짐한 선물보따리를 갖고 나타나는 아들이 생일 선물로 내복을 사오면 부모는 크게 실망할 것이다. 하지만 평소 사고만 치던 아들이 첫 월급을 받아 내복을 사온다면 부모는 크게 기뻐하며 감동의 눈물을 흘릴 것이다. 왜 그럴까? 두 아들 모두 내복을 사왔지만 전자는 부모의 기대를 부정적으로 위반한 반면, 후자는 긍정적으로 위반했기 때문이다.

우리는 평소 알고 지내는 어떤 사람에 대해 그가 어떻게 행동할 것이라는 나름대로의 기대치를 갖고 있다. 상대방의 행동이 기대치를 위반하면 그에 대한 우리의 평가가 바뀐다. 만약 상대방의 행동이 우리의 기대치를 긍정적인 방향으로 위반하면 호감이 증가하고, 부정적인 방향으로 위반하면 호감이 줄어든다. 이런 현상을 심리학에서는 '기대치 위반 효과Expectancy Violation Effect' 라고 한다.

　기대치 위반 효과를 통해 배울 수 있는 몇 가지 교훈이 있다. 첫째, 누군가에게 크게 실망했다면 그에 대한 우리의 기대가 너무 컸기 때문일 가능성이 많다. 둘째, 어떤 사람에 대한 기대를 낮추면 그 사람으로 인한 실망감을 줄일 수 있다. 셋째, 누군가가 우리에 대해 크게 실망했다면 우리 자신이 그에게 너무 높은 기대감을 심어주었을 가능성이 있다. 그런 경우 우리에 대한 상대방의 기대치를 이해해야 한다. 기대가 크면 실망도 크기 때문이다.


## 뜻밖의 작은 친절로 기대치를 위반하라

　좋은 관계를 유지하기 위해 거창한 '작업들'이 필요하다고 생각하는 사람들이 많다. 그들은 낭만적인 관계를 유지하려면 대단히 자극적이고 거창한 이벤트가 필요하다고 생각한다. 값비싼 선물이나 호화로운 해외여행, 최고급 호텔 레스토랑의 식사가 좋은 관계를 만든다고 생각한다.

　관계를 처음 만들 때는 거창한 이벤트가 필요할 수도 있다. 하지만 관계를 유지하는 데 반드시 거창한 '작업'이 필요한 것은 아니다. 드라마에서처럼 한강 유람선에 '사랑한다'는 현수막을 걸어야 사랑이 유지되는 것도 아니다. 좋은 관계는 오히려 일상의 작은 즐거움들로 유지된다.

가끔은 주변 사람들에게 평소와는 좀 다른 뭔가를 해주자. 뜻밖의 작은 친절을 베풀자. 무뚝뚝한 사람이라면 부하직원의 자녀 생일에 작은 선물을 건네보자. 평소 무심한 편이라면 아침에 일어나 배우자의 손을 가만히 잡아보자. 집에 돌아갈 때는 식구들이 좋아하는 먹을 것을 사들고 가보자. 한 번도 설거지를 해본 적이 없다면 느닷없이 설거지를 해주자. 빨래를 해본 적이 없다면 세탁기를 돌려보자. 아이들에게 편지를 보내보고 아이들의 실내화를 빨아주자.

뜻밖의 작은 친절은 예상 밖의 큰 효과를 발휘한다. 작은 친절을 베풀 때 그들은 당신을 사려 깊은 상사, 사랑스러운 남편, 존경하는 아버지로 여기게 될 것이다. 작은 친절로 예상외의 효과를 거두려면 반드시 '뜻밖'이어야 한다. 당신이 베푸는 것을 예상하게 해선 안 된다. 가까운 사람들에게 뜻밖의 작은 친절을 베푸는 습관을 갖는 것은 결코 작은 일이 아니다.

$W$hy 예기치 않은 작은 친절이 상대를 감동시킬 수 있는 이유는 무엇인
가?

-----------------------------------------

$W$hat 상대가 예상치 못한 작은 친절을 베푸는 습관을 갖게 되면 내 삶은
어떻게 달라질까?

-----------------------------------------

$H$ow 일과 관련해서 알고 지내는 사람들에게 오늘 당장 베풀 수 있는 뜻밖
의 작은 친절을 세 가지만 찾아보자. 오늘 집에 돌아가 가족들에게
내가 베풀 수 있는 작은 친절 한 가지를 찾아 실천해보자.

-----------------------------------------

# 너무 멀지도 않게
# 너무 가깝지도 않게

파트너와 가깝다고 해서 사적인 경계선을
무시해도 되는 것은 아니다.
—스티븐 카터

공중화장실에서 남자들은 어느 변기를 가장 선호할까? 아무도 없는 경우에는 대개 구석 쪽을 선호한다. 두 번째 들어온 사람은 첫번째 사람과 멀찌감치 떨어져 볼일을 본다. 세 번째로 들어온 사람은 그 두 사람의 중간에 있는 변기를 이용한다. 비어 있는 다른 변기들을 놔두고 낯선 사람 바로 곁에 붙어 소변을 보는 사람은 거의 없다. 어쩔 수 없이 바짝 붙어 소변을 봐야 할 때도 옆 사람을 쳐다보지 않는 것은 동서양을 막론하고 남자들 세계의 불문율이다.

시발역처럼 자리가 넉넉한 전철 안에서도 비슷한 현상을 볼 수 있다. 화장실에서든 전철에서든 공간이 허용되면 사람들은 일정한

간격을 유지한다. 다른 사람에게 침해받지 않고, 자유롭게 사용할 수 있는 개인적인 공간Personal Space이 필요하기 때문이다.


## 지나치게 다가오면 거부감이 느껴진다

심리학자 미들미스트는 남자 화장실 변기 두 개를 남겨놓고 나머지 변기 위에 '사용 금지'라고 써 붙여 낯선 사람과 바짝 붙어 소변을 봐야 하는 상황을 만들었다. 그리고 비디오카메라로 촬영해 지퍼를 열고 소변을 볼 때까지 걸리는 시간을 측정했다. 누군가가 옆에 있으면, 혼자 소변을 볼 때보다 시간이 훨씬 더 많이 걸렸다. 개인적 공간의 침범으로 긴장감이 고조됐기 때문이다.

동물들은 자신들의 영역을 침범하는 침입자가 나타나면 본능적으로 공격적인 자세를 취한다. 영역을 침범한 침입자에 대한 동물들의 공격 행동을 '텃세 공격Territorial Aggression'이라고 한다. 동물들이 이처럼 텃세를 부리는 이유는 개체와 종족 보전에 영역 확보만큼 중요한 게 없기 때문이다.

사람들 역시 자기의 개인 공간이 침해당하면 반사적으로 불쾌감을 느러낸다. 심리학자 솜머와 베커는 도서관의 학생들을 관찰해 이를 증명했다. 그들은 도서관에서 낯선 사람이 곁에 자리를 잡고 앉았을 때와 그렇지 않았을 때 여학생들이 보이는 행동을 관찰했다. 낯선 사람이 바로 옆에 앉으면 무려 70퍼센트의 여학생이

30분 이내에 자리를 떴다. 그렇지 않을 경우에는 불과 10퍼센트
의 여학생만이 자리를 떴다.

속으로 '제발 좀 떨어져!' 라고 외치면서 언짢은 기색을 보여도
눈치 없이 지나치게 다가오는 사람들이 있다. 내 학생 중 한 명은
함께 공부하는 친구 때문에 노이로제에 걸릴 지경이라고 털어놨
다. 그 친구는 논문을 읽고 있으면 뭘 보는지 물어보고, 책이나 노
트를 허락도 없이 들춰보며, 필기구도 마음대로 가져다 쓴다는 것
이다. 아무리 싫은 눈치를 주어도 알아차리지 못해 함께 있으면 신
경이 곤두서 공부가 안 된다고 했다. 다른 사람이 허용하는 경계
이상을 침범하는 사람은 어딜 가든 환영받지 못한다.


## 가족간에도 지켜야 할 경계가 있다

물리적 공간뿐 아니라 자기만의 프라이버시도 중요한 개인 공
간이며, 아무리 친한 사이라도 상대방에게 침해당하고 싶지 않은
개인 공간이 있다. 그런데 특히 가족과 같이 친밀관계에서 상대방
의 개인 영역을 무시하는 경우가 많다.

상대방이 말하고 싶지 않은 부분까지 시시콜콜 다 알고 싶어하
는 것은 관심이 아니라 개인의 영역을 침범하는 행위다. 도움을 요
청하지 않는 부분까지 일일이 관여하는 것은 간섭이며, 그것은 상
대방이 지키고 싶어하는 경계를 넘는 침입행동이다.

이상적인 부부란 일심동체가 되는 것이며, 부부라면 모든 것을 공유해야 된다고 믿는 사람들이 많다. 그들은 아무리 부부라도 각자 침해받고 싶지 않은 영역이 있음을 이해하지 못한다. 그런 사람들은 배우자가 하는 일을 사사건건 다 알려고 하며 가족들이 쓰던 물건을 허락 없이 버리거나 자녀들의 서랍을 마음대로 치운다.

아이들이 아직 어렸을 때, 책상 서랍을 열어보면 그 속은 마치 쥐가 어지럽힌 동굴 같았다. 온갖 잡동사니들로 서랍이 터질 지경이었다. 나는 내 소중한 시간을 할애해 아이들의 서랍을 말끔하게 치워주곤 했다. 그건 아이들을 향한 나의 사랑이었다. 그러므로 내심 아이들이 잘 정돈된 서랍을 보고 감탄하며 고맙다고 말하길 기대했다. 하지만 아이들은 고맙다고 하기는커녕 기뻐하지도 않았다. 나는 그런 아이들의 태도에 섭섭함을 느꼈다. 시간이 꽤 지난 후에야 그 이유를 깨달았다. 아이들 입장에서 보면, 내 행동은 호의가 아니라 허락 없이 그들의 영역을 침범한 무례한 행동에 불과했다.

아이들의 오래된 장난감을 허락 없이 버리고, 노크도 없이 방문을 열고, 배우자의 가족사진을 마음대로 치우고, 편지를 뜯어보고, 이메일을 열어보는 것은 모두 다른 사람의 개인 영역을 침범하는 일이다. 친밀감으로 충만한 가족이라고 해서 개인적인 영역을 침범해도 되는 것은 아니다. 서로의 프라이버시를 인정하고 경계를 지키는 것은 건강한 관계의 필수 요소다. 아무리 친한 사이라도 지나치게 남의 개인 영역을 침범하는 것은 금물이다.

## 훌륭한 리더는 적당한 거리를 유지한다

동물의 세계에는 개체 간의 거리와 관련된 몇 가지 재미있는 현상이 있다. 야생동물들은 포식자가 일정한 거리 이상으로 다가가지 않으면 도망가지 않는데 이 거리를 도주 거리Flight Distance라고 한다. 침입자가 다가가도 가만히 있다가 일정거리 이내로 들어서면 공격행동을 하는데 이를 싸움 거리Fight Distance라고 한다.

노련한 조련사들은 사자와 같은 맹수를 다룰 때 그들과의 적절한 거리를 유지하는 것이 매우 중요하다고 말한다. 너무 멀리 떨어져 있으면 조련사를 무시하고 너무 가까이 다가가면 위협을 느낀 동물들이 조련사를 공격할 수 있기 때문이다. 동물들이 조련사의 말을 가장 잘 따르면서도 공격행동을 하지 않는 거리가 있는데 그 것을 동물행동학에서는 임계 거리Critical Distance라고 한다.

동물의 세계뿐 아니라 인간관계에서도 임계 거리가 존재한다. 뛰어난 리더는 노련한 조련사처럼 부하직원들과의 임계 거리를 정확히 파악하고 적정 거리를 유지한다. 그들은 부하직원들을 대할 때 너무 멀지도 않고, 너무 가깝지도 않은 '불가근 불가원不可近不可遠의 원칙'을 지킨다. 그들은 부하직원들과 아무리 친해도 일정 거리를 유지한다.

그들은 부하직원들이 자기들만의 자리를 갖고 싶어하면 눈치껏 빠져준다. 관심의 끈을 놓지 않으면서도 어느 수준 이상은 터치하지 않는다. 그런 리더 주변에는 항상 팬들이 모인다. 탁월한 리더는 친밀감과 안전감을 함께 제공한다. 반면 어떤 상사들은 부하직원들의 모든 것을 알려고 하며 사사건건 간섭하고, 회식자리에서도 끝까지 남는다. 그런 상사는 아무리 재능이 뛰어나도 부하들에게 인기가 없다.

개인영역 내에서는 우리의 존재 자체가 당사자에게 불쾌감을 일으킬 수 있음을 이해해야 한다. 그래서 아무리 친한 사이어도 적당한 거리를 유지해야 한다. 그 사람이 허락하지 않는 한 그 사람의 개인 영역을 침범하지 말아야 한다. 상대가 누구든 너무 멀지도 않게, 지나치게 가깝지도 않게 적당한 거리를 유지하라.

$W$hy  적당한 거리를 유지하는 것이 인간관계와 비즈니스 관계에서 왜 중요한가?

$W$hat  개인 영역이 침해당해 불쾌했던 일 한 가지를 찾아보자. 어디서, 누가, 어떻게 했으며, 이를 통해 배운 점은 무엇인가?

$H$ow  무심코 가까운 사람의 프라이버시를 침해했던 일을 떠올려보고, 내가 지켜줘야 할 가족들의 개인 영역을 찾아보자.

# 함께 있되 거리를 두라

함께 있되 거리를 두라.
그래서 하늘 바람이 너희 사이에서 춤추게 하라.

서로 사랑하라. 그러나 사랑으로 구속하지는 마라.
그보다 너희 혼과 혼의 두 언덕 사이에 출렁이는 바다를 놓아두라.

서로의 잔을 채워주되 한쪽의 잔만을 마시지 마라.
서로의 빵을 주되 한쪽의 빵만을 먹지 마라.

함께 노래하고 춤추며 즐거워하되 서로는 혼자 있게 하라.
마치 현악기의 줄들이 하나의 음악을 울릴지라도
줄은 서로 혼자이듯이.

서로 가슴을 주라. 그러나 서로의 가슴속에 묶어두지는 마라.
오직 큰 생명의 손길만이 너희의 가슴을 간직할 수 있다.

함께 서 있으라. 그러나 너무 가까이 서 있지는 마라.
사원의 기둥들두 서로 떨어져 있고
참나무와 삼나무는 서로의 그늘 속에선 자랄 수 없다.

— 칼릴 지브란

# 사과 먼저, 변명은 나중에



"이것 보세요, 한기주 씨! 미안할 때는요 미안하다고 하고요, 고
마울 땐 고맙다고 하는 거예요. 그런 말 서툴다고 버티지 말고
고치세요. 자존심 세우면서 사과하는 방법은 없어요."

(드라마 〈파리의 연인〉 중에서)

잘못을 인정하고 사과를 하면 아무 일 없이 지나갈 수 있는 일
을 변명부터 늘어놔 사태를 악화시키는 사람들이 많다. 11시 50
분에 집에 들어서는 남편에게 아내가 "왜 이렇게 늦었어요?"라고
말하자 남편이 시계를 들여다보면서 이렇게 대꾸한다. "아직 12

시도 안 됐잖아? 누가 늦고 싶어서 늦은 줄 알아?"

이런 집에서는 종종 시끄러운 소리가 들린다. 아무것도 아닌 일로 큰 싸움이 벌어진다. 사정이 있었다고 변명하는 것은 이 상황에서 별로 중요하지 않다. 상황을 개선하려면 먼저 늦은 것을 인정하고 미안하다고 말해야 한다. 해명은 그 다음에 할 일이다.


## 마법이 담긴 말, "미안해요."

"비온 뒤에 땅이 굳는다"는 속담은 어려움을 겪고 나야 사람들 간의 관계가 더욱 탄탄해진다는 말이다. 그 말은 갈등이 제대로 해결된 경우에만 맞다. 갈등을 해결하려면 누군가가 먼저 잘못을 인정하고 사과해야 한다. 아무도 잘못을 인정하지 않으면 둘 사이에 골이 패기 시작한다. 그럴 경우, 앞의 속담은 '비온 뒤엔 골이 더 패어진다' 로 바뀐다.

이발사 김모 씨는 자신의 예금통장에서 2천만 원을 몰래 인출해 처남에게 빌려준 아내와 말다툼 끝에 아내를 살해한 혐의로 구속됐다. 그는 경찰에서 "사과를 하기는커녕 오히려 대드는 바람에 화가 나서 일을 저질렀다."고 말했다. 전투경찰 임모 일경은 육군 병원에 입원 중인 동창 이모 상병을 살해한 혐의로 구속됐다. 그는 "고교시절 이 상병에게 자주 구타를 당했으며 그로 인해 대학 진학도 실패한 것이 억울해 일곱 번이나 찾아가 사과를 요구했으나 사과를 거부해 범행을 저질렀다."고 말했다.

이 두 사건 모두 잘못한 쪽에서 과오를 인정하고 사과했더라면 일어나지 않았을 일들이다. 정도 차이는 있을지 몰라도 이와 비슷한 사건들이 우리 주변에 비일비재하다. 잘못하고도 사과할 줄 모르는 사람을 만나면 정말 화가 난다. 그러나 상대방이 진심 어린 사과를 해오면 금방 화가 풀린다.

'미안하다' 는 말은 마법과 같은 힘을 발휘하며 그 말은 세 가지 메시지를 동시에 전달한다. '제 탓입니다' '당신을 존중합니다' '우리의 관계를 소중하게 생각합니다'.

반대로 잘못을 저지르고도 사과를 하지 않는 것은 상대방에게 이런 메시지를 전달한다. '문제는 당신에게 있다' '나는 당신을 존중하지 않는다' '당신과의 관계를 소중하게 여기지도 않는다'

언젠가 쇼핑을 위해 차를 운전하고 갈 때였다. 비가 오는 데다 날도 어두워져 뒤에서 오는 버스를 미처 확인하지 못하고 차선을 바꿨다. 경적을 울려대며 내 차 앞에 급정거를 한 버스에서 기사가 뛰어내려와 내 차를 가로막았다. 30대 초반으로 보이는 젊은 기사는 눈을 부릅뜨고 삿대질을 하며 내게 상소리를 해댔다.

나는 무조건 내가 잘못했음을 인정하고 머리 숙여 사과했다. "정말 죄송합니다. 제가 확인을 못했습니다." 그러자 "에이……." 하는 한마디를 내뱉은 그 기사의 얼굴은 물먹은 종이처럼 스르르 풀어졌다. 그러고는 그의 차로 돌아갔다. 그때 만약 내가 사과에 앞서 변명을 하거나 그 운전자가 했던 상소리를 꼬투리 잡아 맞고 함을 쳤다면 어떤 일이 벌어졌을까? 사태는 더욱 악화되고 뭔가 끔찍한 봉변을 당했을지도 모른다. 사소한 운전시비가 끔찍한 사고로 번진 기사를 접하다 보면 지금 생각해도 아찔한 순간이다. 고의가 아니더라도 잘못이 있다면 사과부터 먼저 하자. 진심으로 뉘우치는 사람에게 막무가내로 계속 화를 낼 수는 없다.

## 사과하지 않는 사람, 이런 것을 잃게 된다

잘못을 저지르고도 '미안하다'는 말을 하지 못하는 사람들이 많다. 사과하지 못하는 이유 중 하나는 자기반성 능력이 없기 때문이다. 자기가 잘못한 것을 깨닫지 못하는 사람은 결코 사과할 수 없다. 교만하고 자기중심적인 사람 역시 사과와는 거리가 멀다. 그들은 다른 사람의 잘못은 그냥 넘어가지 못하지만 자기의 과오엔 너그럽다. 그래서 사과할 필요성을 느끼지 못한다. 사과할 줄 모르는 사람들은 남의 탓을 하는 데 도가 텄기 때문에 문제가 생기면 오히려 석반하장격으로 상대방을 몰아붙이는 경우가 많다.

자신감이 없고 열등감이 심한 사람 역시 먼저 사과할 수 없다. 그들에게는 자기의 과오를 인정하는 것만큼 끔찍한 일은 없다. 자기가 틀렸음을 인정하는 것은 곧 열등감을 재확인하는 일이기 때문에 결코 사과하지 않는다.

무책임한 사람 역시 과오를 인정하거나 사과하지 않는다. 그들은 책임을 회피하기 위해 어떻게 해서든 자신의 잘못을 정당화한다. 누가 봐도 잘못한 일을 해놓고도 상대방이 원인을 제공했기 때문이라며 책임을 전가한다.

실제로 많은 사람들이 잘못한 줄 알면서도 미안하다고 말하지 않는다. 사과를 하면 잃는 것이 더 많다고 생각하기 때문이다. 그러나 사과를 해서 잃는 것보다 하지 않아서 잃는 것이 훨씬 더 많다. 잘못을 저지르고도 사과를 하지 않으면 뻔뻔한 파렴치한으로 낙인이 찍힌다. 잠재적 보복 가능성과 죄책감에서 벗어날 수도 없다.

별것 아닌데도 사과를 미루다 우정에 금이 가는 경우가 많다. 사과 한마디면 될 일인데 눈곱 만한 자존심을 지키느라 가까운 사람들과 깊은 골을 만드는 경우도 많다. 다투고 난 뒤, 자기 잘못을 알면서도 겸연쩍어 마음을 전하지 못한 채 소중한 관계를 끝내버리는 사람도 많다.

사과하고 싶었지만 상대방이 사과를 받아주지 않거나 사과를 하면 왠지 굴복하는 것 같아서 사과할 수 없었다고 말하는 사람들도 있다. 그들은 거절에 대한 두려움 때문에 사과를 하지 못한다. 하지만 사과란 용서를 전제로 하는 것이 아니며, 이기려고 하는 것도 아니다. 사과란 그것이 옳은 일이기 때문에 해야 한다. 사과란 패자의 강요받은 굴복이 아니라 자긍심 있는 사람이 선택하는 주도적인 행동이다. 다른 사람들과 평화롭게 지내기를 원한다면 절대로 '미안하다'는 말을 두려워해서는 안 된다.


## 먼저 사과하면 자기 자신에게 더 이득이 된다

솔직하게 과오를 먼저 인정하고 진심으로 사과를 하면 상대방은 존중받았다는 느낌을 받게 된다. 변명 대신 자기 잘못임을 인정하면 성실하고 믿을 만한 사람으로 느껴진다. 사람들은 자기를 존중해주고 신뢰감이 가는 사람을 좋아한다. '미안하다'고 먼저 말하면 이전보다 더 좋은 관계로 발전한다. 그래서 "비온 뒤에 땅이 굳는다"는 속담이 생겨났다.

또 사과를 먼저 하면 용서받을 수 있고 보복 가능성을 줄일 수 있다. 뉘우치지 않는 사람은 용서받기 어렵다. 잘못을 저질렀다고 해도 먼저 사과하고 책임을 지겠다고 하면 사람들은 화를 누그러뜨리고 비난의 화살을 거둬들인다.

뿐만 아니라 먼저 사과를 하면 상대방 역시 자기 잘못을 인정하는 경우가 많다. 교통사고뿐 아니라 인간관계의 문제에서도 쌍방 과실인 경우가 많고, 한쪽에서 뭔가 먼저 제공하면 그것을 받은 사람 역시 이에 상응하는 뭔가를 제공하기 때문이다.

언젠가 아이를 야단치고 난 다음 너무 심한 말을 해서 내가 먼저 미안하다고 사과했다. 그랬더니 아이 역시 이렇게 말했다. "제가 잘못해서 그런 건데요, 뭐. 아빠, 죄송해요."

미안하다고 먼저 사과하면 누구보다 자기 자신에게 이득이 된다. 상처를 받는 것보다 상처를 주는 것이 더 상처가 되는 경우가 많다. 잘못된 일인 줄 알면서도 사과를 하지 않고 있으면 그것 때문에 죄책감에 시달리거나 그 생각이 계속 떠올라 다른 일을 하기가 어렵다. 상대를 만날 때마다 빚진 것처럼 불편할 수도 있다. 진심을 담은 사과는 상대뿐 아니라 자신의 상처까지 치유한다.

우리말 '사과謝過'에 해당하는 영어 단어는 'apology'인데, 원래 그리스어 'apologia'에서 유래했다. 이 말은 'apo(떨어지다)'와 'logos(말)'가 합쳐진 단어로 '죄로부터 벗어날 수 있는 말'이라는 의미를 갖고 있다. 사과를 통해 얻을 수 있는 가장 큰 이득은 그것을 통해 마음의 짐을 덜 수 있다는 것이다.

또 누군가의 기분을 상하게 했을 때마다 사과하는 습관을 들이면 자신의 행동이 다른 사람에게 어떤 영향을 미치는지를 더 잘 알게 되어 좀더 신중한 사람이 될 수도 있다.

잘못을 먼저 인정하면 의외의 상황에서도 가끔 혜택을 본다. 오래전에 특강 때문에 어느 지방대학으로 가는 길에 과속을 하다 경찰의 단속에 걸렸다. 강의시간도 촉박하고 번거로움을 피하고 싶어 차를 세운 다음, 이렇게 말했다. "제가 과속을 했습니다. 죄송합니다." 그러면서 요구도 하기 전에 얼른 면허증을 꺼내줬다.

약간 의아한 표정으로 면허증을 받아든 경찰이 한마디 했다. "뭐가 그리 바쁘다고 과속을 하십니까?" 나는 강의시간에 맞춰 가

느라고 그렇게 됐다고 말했다. 그는 면허증을 돌려주면서 점잖게 훈계했다. "교수님이 속도위반을 하시면 됩니까? 다음부터는 조심하세요."



## 변명거리 찾지 말고, 사과부터 먼저 하자

과오를 인정하고 진심 어린 사과를 하는 것은 인간관계뿐 아니라 비즈니스에서도 매우 중요하다. 얼마 전 미쓰비시자동차는 전 사장 등 옛 경영진 7명에게 총 13억 엔(130억 원)의 배상을 청구하기로 결정했다. 주력 차종의 구소석 결함이 발견되었는데도 공개하지 않고 몰래 수리하다 소비자의 불만이 고조되어 2004년 판매량이 전년에 비해 40퍼센트나 급감했기 때문이다.

비슷한 문제가 생겼을 때 도요타자동차는 완전히 다른 방식으로 접근했다. 렉서스가 미국 시장에 처음 선보이기 시작한 1989

년, 고객 한 명과 딜러가 시험운행을 하던 중 자동항속장치의 결함
이 발견되었다. 만약 언론에 보도된다면 렉서스의 판매에 치명적
인 영향을 미칠 수 있는 사건이었다. 하지만 렉서스 직원들은 이를
쉬쉬하기보다는 불량 부품을 하루 만에 일본에서 공수하고, 모든
고객에게 전화를 해서 그동안 판매한 8,500대를 즉각 회수했다.
수리기간 동안 렌터카를 제공하는 것은 물론, 차를 수리한 후에는
깨끗하게 세차를 하고 연료통에 기름을 가득 채워 출하했다. 모든
고객들에게 임원들이 작성한 사과 편지를 발송했다. 그 결과 렉서
스는 출하한 지 몇 년 안 돼 고객만족도 1위를 차지했다.

　잘못을 저지른 후의 사과 여부는 정치세계에서도 매우 중요하
다. 큰 과오를 저지르고도 끝까지 은폐하고 변명하다가 결국 그 자

리에서 물러나는 정치인들이 많다. 워터게이트 사건이 터지자 미국의 닉슨 대통령은 그 사실을 은폐하고 변명하기에 급급했다. 국민들의 불신이 깊어지면서 의회에서 탄핵안이 상정되자, 결국 닉슨은 스스로 사임했다.

반면 쿠바 침공에 실패한 케네디 대통령은 자청해서 텔레비전에 나와 공개적으로 국민들에게 사과했다. "국민 여러분, 죄송합니다. 제 실책입니다. 저희가 피그만을 공격했습니다. 질문 있습니까?" 이것이 다였다. 그는 간단한 사과 성명 하나로 곤경에서 벗어났으며 입지는 한층 강화되었다. 지금도 케네디는 가장 존경받는 지도자 중 한 사람으로 남아 있다.

일찍이 공자는 인간은 허물을 저지를 수밖에 없는 존재過卽勿憚改이기 때문에 허물 자체가 잘못이 아니라, "허물인 줄 알면서도 고치지 않고 변명만 하는 것이 잘못過而不改 是謂過矣."이라고 가르쳤다. 그는 또 소인은 저지른 과실에 대해 변명하기 바쁘지만, 군자는 자신의 허물을 고쳐 두 번 다시 반복하지 않는다며 군자와 소인의 차이점을 지적했다.

잘못했다고 인정하는 것을 부끄러워하지 말자. 잘못이 있다면 따지지 말고 얼른 미안하다고 말하자. 눈을 피하면서 마지못해 입으로만 사과하지 말자. 상대방의 눈을 쳐다보면서 진심으로 미안한 마음을 전달하자. 이왕 절을 할 바에는 큰절을 하자.

**W**hy 과오를 저질렀지만 진심 어린 사과로 오히려 전화위복의 계기가 된
사례를 찾아보자. 변명 대신 사과하는 것이 왜 전화위복의 기회를 만
들어주는가?

**W**hat 잘못하고도 사과를 하지 못했던 일 한 가지를 떠올리자. 그로 인해
내가 잃은 것을 세 가지만 찾아보자.

**H**ow 지금이라도 그 일의 당사자에게 진솔한 자기반성과 진심이 담긴 사
과의 말, 그리고 재발 방지 약속이 포함된 사과 편지나 이메일을 보
내보자.

# 80년 해로의 비결 — "여보, 미안해"

2005년 5월 31일, 기네스북은 1925년 6월 1일 결혼한 영국인 퍼시 애로스미스(105세) 씨와 그의 부인 플로렌스(100세) 씨가 결혼기간(80년)과 부부 나이 합산(205년)에서 세계 신기록을 세웠다고 발표했다.

6월 1일, 80회 결혼기념일을 맞은 애로스미스 씨 부부는 BBC와의 인터뷰에서 "우리는 정말 축복 받은 부부라고 생각해요. 가장 중요한 것은 우리가 여전히 서로를 사랑하고 있다는 거죠."라고 말했다.

그 비결을 묻는 기자에게 부인 플로렌스 씨는 이렇게 대답했다. "우리도 남들처럼 종종 다투곤 했지만 그날을 넘기지 않고 문제를 해결했지요. 화가 난 채로 잠자리에 든 적이 없었어요. 그래서 늘 키스를 나누며 꼭 껴안은 채 잠들 수 있었답니다." 그녀는 또 이렇게 말했다. "행복한 결혼생활을 위해서는 배우자에게 '미안하다'고 말하는 것을 결코 두려워해서는 안 됩니다."

# 당연한 일에서도
# 감사할 일을 찾아보라



점심식사 자리에서 한 학생이 학교에서 대학원실에 에어컨을 설치해줬다고 했다. 그래서 내가 교수들은 에어컨 구입과 전기료를 각자 부담하는데, 학교가 학생들을 많이 배려해주는 것이라고 하자, 그 학생은 "정말요? 우리가 공부를 더 열심히 해야겠네요."라고 말했다. 그런데 그 옆의 학생이 대뜸 이렇게 대꾸했다. "야, 우리는 등록금을 내잖아!"

어떤 사람은 간단한 저녁식사 대접에도 이렇게 말한다. "선배님, 잘 먹었습니다. 정말 즐거웠고 배운 것도 많았어요. 감사합니다." 어떤 사람은 술과 안주를 푸짐하게 대접받고도, 술값 계산은

윗사람이 하는 게 당연하다고 생각한다. 감사해야 할 일인데도 당연시 여기는 사람이 있고, 당연한 일에서도 감사할 일을 찾아내는 사람이 있다. 누가 다른 사람들의 협조를 더 쉽게 끌어내고 누가 더 대접을 받을까? 주고 싶다가도 어느 순간 주기 싫어지는 사람이 있다. 고마워할 줄 모르는 사람, 뭔가 받고도 당연시 여기는 사람, 배은망덕하다고 느껴지는 사람이다.

## 행복하고 건강한 삶을 원한다면 더 많이 감사하라

'감사' 라는 단어는 느낄 감感 자와 사례할 사謝 자로 만들어졌으며, 우리말 사전에서는 '고맙게 여기는 마음' 으로 풀이하고 있다. 우리말의 '감사' 에 해당하는 영어 'gratitude' 는 라틴어 'gratus' 를 어원으로 하고 있으며, 이 말은 'pleasing(기쁘게 해준다)' 의 의미를 갖고 있다. 누군가에게 감사한다는 것은 그 사람을 기쁘게 하는 것이므로 감사할 줄 아는 사람들은 항상 더 많은 것을 얻는다.

성공한 사람들은 다른 사람들의 배려를 당연시하지 않는다. 작은 친절에도 고마워하며 어떤 식으로든 감사의 뜻을 전한다. 실제로 일본의 백만장자를 대상으로 한 설문조사에 따르면, 고액 소득자일수록 편지와 이메일의 응답이 빠르고 감사 편지를 더 신속하게 보내는 것으로 확인됐다.

우리는 왜 우리 자신에 대해 고마워하는 사람뿐 아니라, 다른

사람이나 세상에 대해 감사할 줄 아는 사람을 더 좋아할까? 거기
엔 이런 심리적 이유가 있다.



반면 고마워할 줄 모르는 사람들을 대하면 이런 생각이 든다.
'그는 부정적이며 다른 사람을 소중하게 여기지 않는다' '그는 이
기적이며 배은망덕하다' '그는 나쁜 사람이고, 나는 그런 나쁜 사
람을 싫어한다'.

감사하는 마음은 인간관계뿐 아니라 신체 및 정신건강과도 관
련이 깊다. 감사는 스트레스를 줄여주고 부정적인 감정을 완화시
킬 뿐 아니라 신체적인 건강상태도 증진시킨다. 분노와 같은 부정
적 감정에 대한 방어수단 중 감사함을 느끼는 것만큼 효과적인 것
은 없다. 뭔가에 대해 마음속 깊이 고마움을 느끼면서 동시에 누군
가를 극도로 미워하는 것은 불가능하다. 이 두 가지 감정 상태는
함께 존재할 수 없기 때문이다. 부정적인 감정과 공존할 수 없는

긍정적 상태를 유도해서 부정적 감정을 억제하는 행동치료 원리를 '상호제지의 원리Principle of Reciprocal Inhibition' 라고 한다.

캘리포니아 주립대학교 심리학과 로버트 에몬스 교수는 감사하는 마음이 정신건강 및 신체건강을 증진시킬 수 있다는 사실을 실험으로 증명했다. 그는 사람들에게 매일 고마운 일 다섯 가지씩을 쓰게 했다. 그리고 그렇지 않은 사람들과 비교했다. 예상대로 감사 일기를 썼던 사람들은 그렇지 않은 사람들에 비해 건강상태가 현저하게 좋았다. 스트레스는 적게 받고 행복감은 훨씬 더 많이 느낀다고 보고했다. 캘리포니아 심장센터 맥크래티 교수는 사람들에게 의식적으로 감사하는 마음을 갖게 한 결과 부교감신경계가 활성화되고 스트레스와 긴장 정도가 감소됨을 확인했다.

감사를 많이 느끼는 사람들은 더 낙관적이고 사고가 유연해서 문제해결 능력도 더 뛰어나다. 다른 사람들로부터 협조를 구하고 건강하고 행복하게 살기 위해서는 주위에 대해 고마움을 느끼고 감사하는 마음을 갖는 것이 무엇보다 중요하다.


## 늘 거기 있다고 당연시하지 마라

어떤 친구가 여러분이 좋아하는 음식을 사들고 찾아왔다. 그때 여러분은 뭐라고 하겠는가? 당연히 고맙다고 할 것이다. 그런데 가족에게는 어떤가? 남이 어쩌다 한 번 베푼 작은 친절에는 고맙다는 말을 잘하면서도 정작 누구보다 감사해야 할 가족에게는 그렇지 못한 경우가 많다. 가족들에게는 당연시 여기거나 오히려 투덜거릴 때가 더 많다. 가족이란 내가 어떻게 하든 늘 거기에 붙박이처럼 있는 존재라고 생각하기 때문이다.

우리는 가족들이 베푼 친절에 대해 고마움을 느끼면서도 나중에 감사해도 된다고 생각하기 쉽다. 그런데 '언젠가 하겠다' 는 생각으로 고맙다는 표현을 미루는 것이 과연 현명한 일일까? 가족이라도 언제까지 같이 있을 수는 없다. 누구나 언젠가는 헤어지며 그 시간은 아무도 모른다.

당연시 여기는 태도를 감사의 마음으로 바꾸는 가장 좋은 방법은 가끔 마지막이라는 생각으로 가족들을 바라보는 것이다. 다시는 못 만날 사람처럼 바라보면 모든 것이 다르게 느껴진다. 그동안 무심코 넘겼던 가족들의 웃음, 잔소리나 부탁이 완전히 새롭게 느껴진다. 가끔 마지막일지 모른다고 생각하면서 주변 사람들을 바라보자. 그리하여 그동안 잊고 지낸 감사함을 찾아보자.

상담을 받으러 온 한 학생이 고맙다는 말을 좀처럼 하지 않은 것에 대해 엄마가 서운해하더라면서 이렇게 말했다. "가족인데 그걸 꼭 말로 해야 됩니까?" 나는 "그래, 해야 돼. 말이 아니면 글로라도 표현해야지."라고 대답했다. 고맙게 느낀다면 표현을 해야 한다. 감사란 혼자 간직하라고 있는 것이 아니며 입은 먹기 위해서만 존재하는 것이 아니다. 고마움을 느끼면 어떤 식으로든 그것을 상대에게 전해야 한다.

당연하게 여기며 고마워할 줄 모르는 사람들은 인간관계뿐 아니라 비즈니스에서도 성공할 수 없다. 우리는 가끔 '너 아니라도 먹고 산다'는 투로 고객을 대하는 무례한 사람들을 만난다. 그들 역시 자기들이 어떻게하든 고객들은 늘 거기 있을 것이라고 생각한다. 그들은 공무원일 수도 있고, 회사원일 수도 있고, 대학교수일 수도 있다. 그들에게 급료를 지급하는 사람은 대통령도, 회장도, 총장도 아니다. 급료는 항상 고객으로부터 나온다. 공무원의 급료는 국민들의 세금에서, 회사원의 봉급은 구매자로부터, 교수의 월급은 학생들의 등록금에서 나온다.

자신의 고객이 누군지를 제대로 파악하고 그들에게 감사할 줄 아는 사람들은, 고객이 누군지도 모르고 고객들을 당연시 여기는 사람들과는 고객을 대하는 태도가 다르다. 그들은 고객이 원하는 것을 찾아보려고 애쓰며 더 많은 서비스를 제공한다. 그로 인해 더 많은 고객들을 확보하기 때문에 그들은 언제나 더 많은 것을 얻게 된다. 가족이든, 고객이든 늘 거기 있다고 당연시 여기지 말자.


## 사소한 일에서부터 감사할 일을 찾아보자

'고맙다'는 말을 들으면 기분이 어떻게 달라질까? 가족끼리 '고맙다'는 말을 자주 주고받게 되면 집안 분위기는 어떻게 변할까? 고마움을 느끼고 감사를 표현하면 생각보다 훨씬 많은 것을 얻게 된다. 우선 다른 사람을 기쁘게 할 뿐 아니라 자기 자신의 기분이 좋아진다. 또한 감사받은 사람들은 감사할 일을 더 만들어주려고 하니까 감사할 일들이 점점 늘어난다. 그로 인해 더 많은 것을 얻게 되고 더 행복해진다. 그러므로 감사의 최대 수혜자는 감사하는 사람 자신이다.

그럼에도 많은 사람들이 고마움을 느끼고 감사하는 것에 의외로 인색하다. 거기에는 몇 가지 이유가 있다. 특히 가족과 같이 가까운 사람들에게 고맙다는 말을 하지 않는 경향이 있는데, 그 이유 중 하나는 그들이 언제까지고 늘 거기에 있을 것이라고 믿기 때문이다. 그렇게 생각하면 애써 감사할 필요가 없다.

'남의 짐은 가벼워 보인다'는 말처럼 자기가 하는 일은 힘들고 다른 사람이 하는 일은 쉽다고 생각하면서 다른 사람의 공을 무시할 때 역시 고마움을 느끼기 어렵다. 자기가 하는 일이 더 힘들다고 생각하면 상대방에 대해 고마움을 느끼기보다는 불평을 더 많이 하게 된다.

다른 사람들의 친절이나 내게 주어진 혜택을 당연시할 때 역시 고마움이 느껴지지 않는다. 다른 사람들이 베푸는 것은 그들의 의무이고 대접을 받는 것은 나의 권리라고 생각할 때 우리는 고마움을 표현할 필요를 느끼지 못한다. 건강, 가족, 화창한 날씨, 일거리 등이 '선물'이라는 것을 깨닫지 못하고 당연한 것으로 느낄 때도 감사할 필요를 느끼지 않는다.

누군가를 당연하게 생각하면 우리 역시 당연한 존재로 취급당한다. 작은 친절도 특별히 여기면 우리 역시 특별한 대접을 받는다. 그것이 인간관계의 자연법칙이다.

고마움을 느끼지 못하는 사람들은 그 이유가 감사할 일이 없기 때문이라고 말한다. 하지만 감사할 일 역시 보려고 해야 보이고 찾으려고 해야 찾아진다. 감사하는 마음을 기르려면 감사할 일을 적극적으로 찾아봐야 한다. 감사란 그냥 느껴지는 것이 아니며 큰 은혜를 입어야 느끼는 것도 아니다.

우리가 고마움을 느끼지 못하는 이유 중 하나는 특별한 일만 찾으려고 하기 때문이다. 감사하는 마음을 기르려면 일상의 사소한 일에서부터 감사할 일을 찾아봐야 한다. 하루의 일상을 돌아보면서 매일 '감사할 수 있는 일이 무엇일까?' 하고 스스로에게 물어보자. 그동안 당연시 여겼던 일 중에서 감사할 일들을 찾아보자. 감사할 일을 찾다 보면 감사할 일이 더 많이 눈에 띈다. 감사란 그냥 저절로 느껴지는 것이 아니며 선택해야 하는 것이고, 배우면서 훈련해야 하는 것이다. 감사란 고마워하기를 선택한 사람만 느낄 수 있는 의도적인 감정이다.

감사 쪽지를 남기고 전화를 걸자. 음성이나 문자 메시지를 남기고 이메일을 보내보자. 당연하게 여기지 말고 감사를 표현하자. 작은 일에 감사하는 습관을 들이면 더 크게 감사할 일들이 일어난다.

**W**hy  작은 일에도 감사할 줄 아는 사람에게는 감사할 일이 더 많이 일어난다. 그것이 가능한 이유를 세 가지만 찾아보자.

**W**hat  다른 사람, 세상, 자기 자신에 대한 작고 사소한 감사할 일 세 가지씩을 찾아보자.

**H**ow  나에게 호의를 베풀어주었지만 그동안 당연시 여겼던 사람을 떠올리자. 그리고 그에게 전할 감사의 말을 정리하자. 말, 편지, 전화, 이메일, 문자, 가방이나 호주머니에 넣어둘 수 있는 쪽지 등을 이용해 오늘 당장 행동으로 옮겨보자.

# 나는 이럴 때 고마움을 느낀다

1 잠에서 깨 내 손을 잡고 있는 아내의 손길이 느껴질 때.

2 출근길에 "아빠 몇 시에 와?" 하고 딸이 물어줄 때.

3 용돈이 떨어졌다고 미안해하는 말투로 아들이 전화를 걸어올 때.

4 문을 빼꼼히 열고 까치발로 살살 걸어 들어오는 지각생을 볼 때.

5 내 책을 읽은 독자가 소감을 적어 보낸 이메일을 읽어볼 때.

6 겨울이 지난 어느 날 처음으로 개나리꽃이 핀 것을 볼 때.

7 통통하게 자란 쑥을 캐면서 새소리도 함께 들을 수 있을 때.

8 브레이크를 밟아 차를 원하는 곳에 세울 수 있을 때.

9 고속도로 휴게소 화장실에서 멋진 명언을 발견할 때.

10 차바퀴의 부러진 나사를 사고 나기 전에 발견했을 때.

11 음식을 만들고 '이게 정말 내가 만든 거야!'라는 생각이 들 때.

12 아침에 일어나 오늘도 살아 숨 쉴 수 있음을 발견할 때.

13 요통이 나아 한 발로 서서 양말을 신을 수 있었을 때.

14 반신욕을 하는데 땀이 생각보다 많이 나와줄 때.

15 운전 중 양보 받은 차 운전자가 고맙다고 손을 들어줄 때.

·
·
·
·
·
·

나는 이럴 때 고마움을 느낀다

# 퍼주고 망한 장사 없다

상대방이 원하는 것을 줄 때
상대방은 당신이 원하는 것을 준다.
—로저 도슨

직장에서는 어떤 사람들이 가장 미움을 받을까? 한 증권회사 직원 388명을 대상으로 설문조사한 결과에 따르면, 직장 상사들은 조그만 손해도 안 보려는 '개인주의자' 들을 최악의 직원으로 꼽았다. 부하직원들 역시 책임은 지지 않고 공만 챙기려는 '얌체' 상사를 꼴불견 1위로 꼽았다. 내 수업을 듣는 학생들 역시 '자기 이익만 챙기는 얌체', '남에게 받기만 하고 베풀 줄 모르는 빈대 같은 사람' 을 최악의 친구로 꼽았다.

우리는 왜 이런 사람들을 싫어할까? 인간관계나 거래의 기본인 '기브 앤 테이크Give & Take' 원칙을 어겼기 때문이다.

## 작은 것을 취하려다 더 많은 것을 잃게 된다

박테리아에서부터 인간까지 자연의 선택으로 진화된 모든 종은 이기적이며 그 중 가장 이기적인 유전자를 가진 종은 인간이다. 그런데 아이러니하게도 가장 이타적인 종 역시 인간이다.

인간을 인간답게 만들고 자급자족의 원시사회를 오늘날의 교역사회로 발전시킨 것은 우리 조상들이 상호 이타주의Reciprocal Altruism의 미덕을 발달시켰기 때문이다. 그런데 가장 이기적인 유전자들이 어떻게 상호 이타주의의 미덕을 가질 수 있었을까? 오랫동안의 시행착오를 거쳐 먹을 것을 더 안정적으로 구하고 포식자의 공격을 효과적으로 막아내기 위해 동맹관계를 맺는 것만큼 중요한 것이 없다는 사실을 알아냈기 때문이다. 동맹이란 '만약 당신이 나를 도와준다면 나도 나중에 당신을 돕겠다' 는 약속이다.

어느 집단에서나 동맹관계의 약속을 어기는 '빈대' 같은 개체가 있다. 빈대들이 위험에 처하거나 굶주리고 있으면 협조자들은 이타주의의 미덕을 발휘해 위험을 감수하면서 목숨을 구해주고 먹을 것을 줄 것이다. 빈면, 협조자들이 도움을 요청할 때 빈대들은 위험을 감수하지도 않고 자신이 가지고 있는 먹을 것을 제공하지도 않을 것이다.

결과적으로 빈대들은 더 많은 것을 갖게 되고 생존 가능성이 더 높아질 것이다. 그렇게 되면 당연히 자손도 더 많이 퍼트릴 것이다. 결국 집단 내에 빈대들의 유전자가 점점 늘어날 것이고 결국은 집단 전체가 빈대들로 가득 차게 될 것이다. 그렇게 되면 아무도 다른 사람들을 돕지 않게 될 것이고 동맹은 해체되어 집단 전체의 생존이 불가능해질 것이다.

이런 최악의 상황을 방지하기 위해 우리 조상들은 빈대들을 어떻게 퇴치했을까? 그들은 처벌과 보상을 동원한 상호성의 규범을 발달시켰다. 남에게 아무것도 제공하지 않는 빈대들에게는 더 이상 아무것도 제공하지 않음으로써 처벌을 했다. 반대로 남이 필요로 할 때 자원을 제공하는 협조자에게는 그가 필요로 할 때 계속 도움을 줌으로써 보상했다.

조상들이 발달시킨 상호성의 규범에 따라 우리는 어떤 사람을 만날 때마다 상대방이 내게 베푼 것과 내가 그들에게 베푼 것을 머릿속의 장부에 기록한다. 내가 베푼 것에 비해 상대방이 계속 적게 베푼다면 우리는 그의 요청을 거부함으로써 그를 응징한다. 그러므로 상호성의 규범이 지배하는 인간세상에서 빈대들은 더 이상 유리할 게 없다.

성공하는 사람들은 장기적인 관점으로 바라보기 때문에 다른 사람이 원하는 것을 먼저 제공한다. 그래서 나중에 원하는 것을 얻게 된다. 반면 실패한 사람들은 단기적인 이득에 집착하므로 자기가 원하는 것을 먼저 취한다. 이들은 이익만 챙기고 손해 보는 일은 결코 하지 않기 때문에 단기적으로는 더 많은 것을 가지게 된다. 그 대신, 그들에게는 '빈대', '얌체', '배은망덕한 자', '무임 승차자', '이기주의자' 같은 꼬리표가 붙는다. 그리하여 다른 사람들로부터 철저하게 배척을 당한다. 이들은 단기적인 이득을 취하려다 결과적으로는 더 많은 것을 잃게 된다. 그게 바로 소탐대실 小貪大失이다.

## 인간에겐 항상 먼저 베풀 필요가 있다

사람들이 뭔가를 주고받는 모습을 잘 살펴보면 두 가지 유형이 관찰된다. 어떤 사람은 주로 먼저 주고 나중에 받는다(Give & Take). 또 어떤 사람은 받고 나서 나중에 준다(Take & Give). 사람들은 누구를 더 좋아하며 누가 더 성공할 가능성이 클까? 얼핏 보면 '주고 받는 것'이나 '받고 주는 것'이나 그게 그것이다. 하지만 효과 면에서 보면, 그 둘은 완전히 다르다.

'받는 만큼만 일하겠다'고 생각하는 사람들이 많다. 그들은 보수 이상으로 열심히 일하는 사람들을 어리석다고 비웃는다. 그러면서 '더 많이 주면 더 열심히 일할 것'이라고 생각한다. 여러분이 고용주리면 이들에게 더 많은 보수를 지급하겠는가?

더 많은 보수를 받고 싶다면 먼저 보수 이상의 일을 해야 한다. 그리하여 회사에 없어서는 안 될 사람이 되어야 한다. 그래야 더 많은 보수를 지불하면서라도 사장이 붙잡고 싶은 사원이 된다. 사

장이 당신에게 지불하는 보수보다 당신을 고용해서 얻는 가치가 더 크지 않다면 당신은 어딜 가든 위태로운 삶을 살아야 한다.

그런데도 왜 많은 사람들이 먼저 제공하기를 꺼려할까? 미래를 보는 눈이 없기 때문이다. 그들에게는 현재만 있다. 그래서 장기적인 시각에서 행동을 선택하지 못한다.

먼저 베풀어도 당장 돌아오지 않을 때가 많다. 그렇다고 너무 실망하지 말자. 수확을 하려면 먼저 땅을 파고 씨를 뿌려야 한다. 그리고 정성껏 가꾸고 한참 동안 기다려야 한다. 봄에 볍씨를 뿌리면 가을이 돼야 거둘 수 있다.

씨앗 열 개를 뿌렸다고 해서 열 그루 모두에서 수확을 할 수는 없다. 어떤 것은 새에게 먹히고, 어떤 것은 병들고, 어떤 것은 말라서 죽는다. 마찬가지로 우리는 수많은 사람들을 만나면서 그 중에서 몇 명의 좋은 친구를 얻는다. 수십 명의 고객에게 친절을 베풀지만 그 중 일부만이 단골고객이 된다.

먼저 주고, 받는 것 이상으로 갚으면 결과적으로 손해를 보고 더 가난하게 살 것이라고 생각하기가 쉽다. 하지만 결과는 그 반대인 경우가 더 많다. 먼저 베푸는 사람에게 베풀고 싶은 것이 인지상정이기 때문이다.

사람들은 어떤 사람으로부터 직접 호의를 받은 적이 없다 해도 그 사람의 평판이 좋으면 그에게 호의를 베풀고 싶어한다. 이렇게 생각하기 때문이다. '당신은 누군가가 도움을 필요로 할 때 먼저 도와주는 좋은 사람이다. 그러므로 도움을 받을 자격이 있다. 내가 도움을 주면 당신은 나중에 내가 도움이 필요할 때 도와줄 것이다. 그러므로 나는 기꺼이 당신을 도울 것이다' 볍씨 한 개는 우리에게 백 개로 되돌려준다. 그것이 자연 법칙이며 삶의 법칙이다.

거두려면 먼저 뿌려야 하고, 원한다면 먼저 주어야 한다. 미소를 원하면 먼저 미소를 지어야 한다. 돈을 벌고 싶다면 상대방에게 돈을 벌게 해주어야 한다. 더 많은 것을 원하면 상대방이 더 많은 것을 얻게 도와줘야 한다. 직원들로부터 협조를 끌어내고자 한다면 먼저 그들을 도와야 한다. 더 많은 보수를 원한다면 고용주가 더 많이 벌게 해줘야 한다. 신에게는 감사할 필요가 있지만, 인간에게는 항상 먼저 베풀 필요가 있다.

## '본전 뽑았다'는 생각을 하게 만들자

어떤 관계에서든 어느 한쪽이 일방적으로 뭔가를 얻기만 하는 관계는 오래 지속되기 어렵다. 모름지기 모든 장사는 파는 사람도 기쁘고 사는 사람도 기뻐야 한다. 한쪽만 기쁜 거래는 결코 오래가지 못한다. 인간관계 역시 어느 한쪽만 일방적으로 만족하면 오래가지 못한다.

다른 사람으로부터 도움을 잘 받아내는 사람에겐 한 가지 공통점이 있다. 그들은 사람들로 하여금 도와주겠다는 마음이 들게 만든다. 어떻게 만들까? 그들은 보답에 대한 믿음을 준다. 보답을 전제하지 않고 도움만 청하는 경우보다 '보답할 수 있음'을 알리면 도움을 받을 가능성이 몇 배 커진다. 도움을 받고 싶다면 어떻게든 보답 가능성을 전달하라. 그리고 반드시 보답하라.

돈을 많이 벌려면 다른 사람들로부터 돈을 많이 받아야 한다. 그러려면 상대방이 기꺼이 돈을 쓰고 싶게 만들어야 한다. 어떻게 하면 그게 가능할까? 그들을 감동시키면 된다. 고객들은 언제 감동할까? 지불하는 가격에 비해 제품이나 서비스의 가치가 더 크다고 느낄 때 감동한다.

'이렇게 쌀 수가 있을까?' '이 돈으로 이런 서비스를 받아도 되나?' '이러다 이 집 망하는 거 아니야?' 고객이 지불하는 비용 이상의 서비스를 제공해 그들을 감동시킬 수 없다면 어떤 비즈니스를 하건 그 일로 성공할 수 없다.

인간관계의 기본은 상대에게 이익을 주는 것이다. 누군가에게 돈과 같은 물질적 이익뿐 아니라 즐거움과 감동 같은 정신적 이익을 준다면 당신은 그에게 소중한 사람이 된다. 사람들은 자기에게 소중한 사람에게는 무엇이건 주고 싶어한다.

옛말에 '퍼주고 망한 장사 없다' 는 말이 있다. 최고의 성공전략은 고객들에게 본전을 뽑았다는 생각이 들게 하는 것이다. 서비스에 감동한 고객은 새로운 고객을 만들어 이에 보답하려고 할 것이다. 결과적으로 더 많이 제공하면 더 많은 것을 얻게 된다. 하지만 다른 사람들에게 손해를 끼치면 언젠가는 그에 상응하는 대가를 치르게 된다. 고객으로 하여금 본전 생각이 나게 만든다면, 그 사업은 반드시 망한다.

콩 심은 데 콩 나고 팥 심은 데 팥 난다. 받기 전에 먼저 주라. 받았다면 반드시 되갚아라. 그래야 원하는 것을 얻게 된다. 사람은 무엇을 심든 심는 대로 거둔다.

$W$hy　먼저 주면 왜 결과적으로 더 많이 받게 되는가? 먼저 베풀어 원하는 것을 더 많이 얻게 된 멋진 사례를 찾아보자.

------------------------------------

$W$hat　내 주변에 나에 대한 태도가 못마땅한 사람이 있다. 나는 그 사람으로부터 어떤 대접을 받고 싶은가? 한 가지만 찾아보자.

＿＿＿＿＿가(이) ＿＿＿＿＿＿＿＿＿＿＿＿＿ 면 좋겠다.

$H$ow　내가 바라는 것을 얻기 위해 그에게 내가 먼저 해야 할 일 한 가지를 찾아보자.

＿＿＿＿에게 ＿＿＿＿＿＿＿＿＿＿＿＿＿를(을) 하겠다.

# 씨앗의 법칙 7가지

**1 먼저 뿌리고 나중에 거둔다** 거두려면 먼저 씨를 뿌려야 한다. 원하는 것을 얻으려면 먼저 주어야 한다.

**2 뿌리기 전에 밭을 갈아야 한다** 씨가 뿌리를 내리려면 준비가 되어 있어야 한다. 상대에게 필요한 것과 제공시기 및 방법을 파악하라.

**3 시간이 지나야 거둘 수 있다** 어떤 씨앗도 뿌린 후 곧바로 거둘 수는 없다. 제공했다고 해서 즉각 그 결과가 있기를 기대하지 마라.

**4 뿌린 씨, 전부 열매가 될 수는 없다** 10개를 뿌렸다고 10개 모두에서 수확을 할 수는 없다. 모든 일에 반대급부를 기대하지 마라.

**5 뿌린 것보다는 더 많이 거둔다** 모든 씨앗에서 수확을 못해도 결국 뿌린 것보다는 많이 거둔다. 너무 이해타산에 급급하지 마라.

**6 콩 심은 데 콩 나고, 팥 심은 데 팥 난다** 다른 사람에게 손해를 끼치면 손해를, 이익을 주면 이익을 얻는다. 심는 대로 거둔다.

**7 종자는 남겨두어야 한다** 수확한 씨앗 중 일부는 다시 뿌릴 수 있게 종자로 남겨두어야 한다. 받았으면 다시 되갚아라.

씨앗의 법칙 7가지

# 끝은 언제나 또 다른 시작이다



첫인상은 좋았는데 뒤끝이 안 좋은 사람이 있다. 반면 첫인상은 별로였는데, 지내면서 '진국' 이라는 느낌을 갖게 하는 사람도 있다. 당신이 동업자를 찾는다면 누구와 동업을 하겠는가? 거래를 튼다면 누구와 계약을 하겠는가?

## 화장실 들어갈 때와 나올 때 다르다

빌려달라고 할 땐, 돈이 생기면 그 돈부터 갚겠다고 약속해놓고도 수중에 돈이 들어오면 생각이 달라지는 사람들이 많다. 입사 면접에선 회사에 온몸을 바쳐 충성할 듯이 행동했지만 퇴직할 땐 안면을 몰수하는 사람도 있다. 구애할 땐 입안에 있는 것도 꺼내줄 것 같다가도 자기 사람이 되면 태도를 180도 바꾸는 경우도 많다.

길을 가다 갑자기 볼일이 생겼는데 화장실을 찾을 수가 없다면? 볼일만 보게 해준다면 어떤 대가라도 치르고 싶을 것이다. 하지만 볼일을 보고 나면? 생각이 완전히 달라질 것이다. "뒷간 들어갈 때와 나올 때 다르다"는 속담은 욕구상태에 따라 태도가 달라지는 것이 인간 본성임을 말해준다.

첫인상의 중요성을 모르는 사람은 없다. 하지만 끝인상이 더 중요하다는 사실을 아는 사람은 별로 없다. 첫인상이 좋았던 사람이 뒤끝이 안 좋으면 첫인상이 원래 나빴던 사람보다 훨씬 더 나쁜 점수를 받는다. 초기 기대치를 위반했기 때문이다.

어떤 사람에 대한 평가가 그 사람에 대한 가장 최근의 정보에 의해 좌우되는 것을 심리학에서는 '신근성 효과 또는 최신 효과Recency Effect'라고 한다. 첫인상은 그 사람의 생김새나 표정, 말투, 배경 등 외양에 의해서 주로 결정된다. 반면 끝인상은 외양보다는 그 사람의 태도, 성격, 일의 결과에 의해 판가름된다.

좋은 관계를 오래 유지하고 싶다면, 지속적인 경쟁 우위에 서고 싶다면, 첫인상 이상으로 끝인상 관리를 잘해야 한다. 첫인상은 이미 지나긴 일이기 때문에 더 이상 바꿀 수 없다. 하지만 끝인상은 언제든 바꿀 수 있다. 아직 끝나지 않았기 때문이다.

## 팔고 난 다음의 서비스가 성패를 좌우한다

얼마 전 서해안의 어느 포구를 찾은 적이 있다. 한 식당 앞을 지나는데, 인상이 좋아 보이는 부부가 주차장까지 뛰어나와 우리를 그 집으로 안내했다. 가격표를 보고 좀 비싼 것 같다고 하니까 조개탕에 밑반찬이 많이 나오기 때문이라고 했다. 계산을 마치고 난 다음 예상보다 많은 금액에 그 이유를 물었더니 밑반찬 값이 추가됐다고 했다. 들어올 때와 말이 다르다고 했더니 자기가 언제 계산에 추가하지 않는다고 말했냐는 것이다. 주인 남자의 표정은 들어올 때와는 완전히 딴판으로 험악해져 있었다. 정말 황당한 일이었다.

그 식당처럼 제품을 팔 때와 반품이나 환불, 또는 애프터서비스를 원할 때 고객을 대하는 태도가 다른 경우들이 많다. 불만을 갖고 있는 고객들을 귀찮은 존재, 회사에 손실을 입히는 존재쯤으로 생각하는 회사나 직원들이 의외로 많다. 일단 팔고 난 다음에는 그 고객이 매출에 도움이 되지 않는다고 생각하거나, 그 한 사람으로 끝날 거라고 생각하기 때문이다. 그런데 정말 그럴까?

불만은 전염성이 매우 강하며 생각보다 훨씬 파급효과가 크다. 사람들은 불쾌한 일에 더 민감하며, 그런 일을 당하면 도시락을 싸 갖고 다니면서라도 다른 사람들에게 알리고 싶어한다. 배신을 당하면 어떻게 해서든 보복하고 싶은 게 인지상정이다. 불만족의 파급효과가 얼마나 막강한지를 알려주는 증거가 있다.

한 조사에 따르면 불만을 갖고 있는 한 명의 고객은 10명 정도의 잠재 고객에게 불만을 털어놓는다고 한다. 불만을 전해들은 잠재 고객들은 다른 잠재 고객에게 다시 전파해 결과적으로 열 명 정도의 불만을 가진 고객은 무려 120명의 잠재 고객에게 불만을 전파해 구매를 방해한다.

반대로 불만 고객에게 추가 서비스를 제공해 단골 고객으로 만든다면 어떤 일이 일어날까? 한 연구 결과에 따르면, 특정 회사 고객의 26퍼센트를 차지하고 있는 단골 고객들이 그 회사 수익의 84퍼센트를 올려준다고 한다. 이는 신규 고객 확보보다 단골 고객을 만드는 것이 이윤 창출에 훨씬 더 중요함을 의미한다.

기업의 브랜드 이미지는 소비자들의 입을 통해 만들어진다. 소비자의 입은 어떤 기업을 살릴 수도 있고 죽일 수도 있다. 이것이 바로 '입소문 효과' 또는 '구전효과Word of Mouth Effect'이며, 지구상에 입소문만큼 강력한 미디어는 없다. 특히 요즘같이 인터넷이 발달한 세상에서는 입소문 효과가 가공할 정도의 위력을 발휘한다.

기존 고객의 이탈과 신규 고객의 증가 모두 입소문의 영향을 받는다. 〈하버드 비즈니스 리뷰〉에 기고된 한 연구 결과에 의하면 고객의 이탈률을 5퍼센트만 줄이면 기업의 수익이 25퍼센트에서 85퍼센트까지 증가한다. 이 연구 결과는 기업의 수익을 결정하는 가장 중요한 요인이 판매 이후의 서비스라는 사실을 말해준다.

보험회사 직원들은 고객에게 언제 최고의 서비스를 제공할까? 보험에 가입할 때다. 보험금을 지급할 때는 십중팔구 태도가 달라진다. 온갖 약관 조항들을 들먹이며 가능한 한 보험금 지급을 최소한으로 줄이려고 애쓴다.

만일 고객이 사고를 당했을 때도 가입할 때처럼 신속하게 달려와 최대한의 서비스를 제공한다면 어떤 일이 일어날까? 당연히 비용은 많이 들 것이다. 하지만 고객이 사고를 당했을 때가 최고의 기회다. 그때 감동한 고객은 평생 고객이 되기 때문이다. 그들은 기꺼이 무보수 보조 세일즈맨을 자청할 것이다.

성공한 기업과 실패한 기업은 고객에 대한 사후관리가 다르다. 인기가 좋은 사람과 따돌림을 당하는 사람 역시 사람들에 대한 사후관리가 다르다. 성공한 기업과 개인은 모두 주어진 일의 경계를

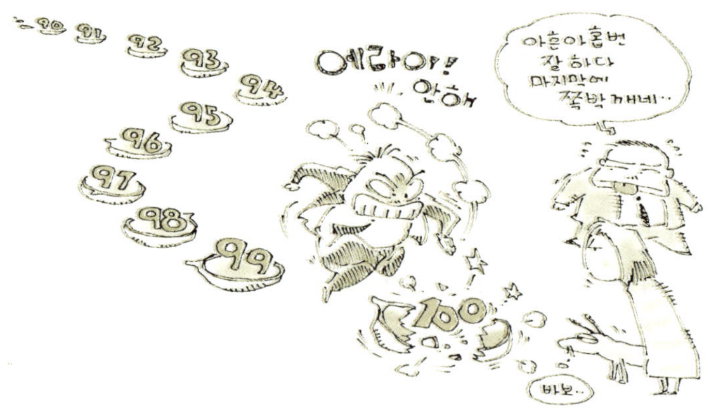

넘어 추가 서비스를 제공할 줄 안다.

## 끝마무리를 보면 그릇의 크기를 알 수 있다

사람의 그릇 크기는 이해관계에 있을 때의 처신으로 판단하기는 어렵다. 거래가 끝났다고 생각할 때, 그래서 더 이상 볼 일이 없다고 생각될 때 처신하는 모습을 보면 그 사람의 그릇 크기를 알 수 있다. "말이 힘이 있는지를 알려면 먼 길을 가봐야 알고, 그 사람이 어떤 사람인지를 알려면 시간이 오래 지나봐야 한다."《명심보감》교우편交友篇에 나오는 이 말은 백 번 들어도 지당하다.

이해관계가 있을 때 친절하기는 쉽다. 이해관계가 끝났을 때도 친절한 태도를 유지하기는 어렵다. 고객을 맞이할 때 웃기는 쉽다. 하지만 고객의 등을 바라보며 미소를 짓기는 어렵다. 계약서에 서명을 받기 위해 정중한 태도를 보이는 것은 쉽다. 하지만 환불을 요구할 때도 정중한 자세를 보여주기는 어렵다. 입사할 때 애사심을 맹세하기는 쉽다. 그러나 권고 사직을 당할 때 그동안의 배려에 감사하기는 어렵다. 꼭 해야 하는 일을 하기는 쉽다. 그러나 의무 이상의 일을 하기는 어렵다. 이것이 다수 대중들의 본성이다.

남다른 삶을 원한다면 남들과는 뭔가 달라야 한다. 남다른 삶을 원하면서도 남들과 똑같은 생각으로 사는 사람들이 많다. 여러분을 다수 대중과 차별화시키는 가장 확실한 방법이 있다. 그것은 다

수 대중의 무리에서 빠져나오는 것이며, 그들이 하지 않아도 된다고 믿는 뭔가를 추가로 하는 것이다. 더 이상 제공할 필요가 없다고 생각되는 상황에서 뭔가 추가로 제공하는 것은 결코 아무나 할 수 있는 일이 아니다.

이제 더 이상 만날 일이 없을 것이라고 여겨지는 순간이 있다. 그럴 때가 곧 또 다른 시작이다. 인간관계에서나 비즈니스에서나 해야만 하는 일의 경계를 넘지 못하면 결코 성공할 수 없다. 할 일을 다 하고 난 후에 하는 일이 그 사람의 성패를 결정한다. 끝, 그리고 그 이후를 가볍게 여기지 말자. 끝은 언제나 또 다른 시작이다!

**W**hy 첫인상보다 뒤끝이 좋아 인간관계나 비즈니스에서 성공한 사례를 찾아보자. 행복하고 성공적인 삶에 끝인상 관리가 더 필요한 이유는 무엇인가?

---

**W**hat 첫인상과는 달리 뒤끝이 좋지 않았던 사람을 떠올려보자. 그가 잃을 수 있는 것은 무엇이며 그로부터 배운 것은 무엇인가?

---

**H**ow 거래가 끝났다고 생각해 내가 끝 인상 관리를 소홀히 했던 일 하나를 찾아보자. 그 일과 관련해서 지금부터 해야 할 일은 무엇인가?

---

# '아는 것'이 '힘'은 아니다

어떤 책을 읽든 우리가 경계해야 할 일이 하나 있다. 그것은 읽고 난 다음에 '실천하지 않는 것'이다. 처세 관련 책을 수도 없이 읽지만 여전히 관계의 문제를 호소하는 사람들이 많다. 자기계발 서적 속에 파묻혀 살면서도 도무지 변화된 모습을 보여주지 못하는 경우도 많다. 모두 읽고 이해하는 것에 그치기 때문이다.

사람들로부터 미움을 받고 사람들이 등을 돌리는 사람, 그로 인해 원하는 것을 얻지 못하는 사람들에게는 몇 가지 공통점이 있다. 첫째, 문제 자체를 인식하지 못하거나 자신에게 문제가 있다는 사실을 인정하지 않는다. 둘째, 해결책이 제한되어 있고 비효과적인 해결책을 반복한다. 오래전 아인슈타인은 이렇게 말한 적이 있다. "같은 방법을 반복하면서 다른 결과를 기대하는 사람은 정신병자다." 셋째, 설사 효과적인 해결책을 알고 있다 해도 그것을 실천하지 않는다.

문제를 해결하기 위해서는 먼저 문제 상황을 인식하고 자신에게 문제가 있다는 사실을 받아들여야 한다. 그리고 더 효과적인 해결책을 찾아내 실천에 옮겨야 한다.

당나라 때 명시인 백거이가 항주 자사刺史로 부임했을 때의 일이다. 항주 근처의 사찰에 도림道林이라는 이름난 고승이 있었다. 도림은 노송 위에 올라가 좌선을 하는 기이한 버릇이 있었다. 사람들은 그가 나무 위에 둥지를 틀고 있는 새 같다고 해서 조과선사鳥菓禪師라고 불렀다. 불경에도 해박했던 백거이는 소문을 듣고 도림선사를 찾아가 그 고승을 시험해보기로 했다.

나무 위의 도림에게 백거이가 단도직입적으로 물었다. "불법의 깊고 큰 뜻은 무엇이라고 생각합니까如何是佛法嫡嫡大義?" 이에 도림선사는 이렇게 대답했다. "나쁜 짓을 하지 말고 착한 일을 받들이 행하라. 자기의 비음을 밝게 하면 이것이 곧 부처님의 가르침이다諸惡莫作 衆善奉行 自淨其意 是諸佛教."

대단한 가르침을 기대했던 백거이는 신통치 않다는 표정으로 되불었다. "그거야 삼척동자도 다 아는 일이 아닙니까?" 도림은 침착한 어조로 말했다. "하지만 팔십 노인도 행하기는 어려운 일이오.” 이에 백거이는 크게 깨달아 지행합일知行合一을 이루었다.

'이미 다 알고 있는 내용'이라고 생각하면서 이 책을 읽은 독자가 많을 것이다. 불법의 큰 뜻이 '나쁜 짓을 하지 않고 착한 일을 행하는 것'이듯, 인간관계나 비즈니스 역시 기본은 매우 단순하다.

상대방을 배려하고, 기분 좋게 하며, 그들이 원하는 것을 먼저 제공하는 사람은 호감을 사고 원하는 것을 얻는다. 반대로 다른 사람을 무시하거나, 불쾌하게 만들고, 손해를 끼치는 사람은 미움을 사고 가진 것조차 잃게 된다.

'내가 정말 알아야 할 것은 유치원에서 이미 다 배웠다'는 로버트 풀검의 말처럼 인간관계나 비즈니스 관계의 기본 원리는 너무나 단순하다. 그러나 그것을 실천하기는 정말 어렵다. 그래서 세상에는 성공하는 사람보다 실패하는 사람들이 훨씬 더 많다.

일본의 경영 컨설턴트 간다 마사노리는 “성공하기 위한 노하우가 분명한데도 실제 행동으로 옮기는 사람은 1퍼센트밖에 되지 않는다. 그러므로 성공하는 것은 간단하다.”라고 말한 적이 있다. 그의 말에 따르면 책을 통해 배운 지식을 실천하지 않는 사람이 99퍼센트나 된다. 그렇다. 인간관계든 비즈니스든 성공하는 것은 간단하다. 아는 것으로 그치는 99퍼센트 대열에서 빠져나와 행동으로 실천하는 1퍼센트 대열로 들어가면 된다.

책을 다 읽었다면 다시 한번 처음부터 찬찬히 들춰보자. 밑줄 긋고, 메모하고, 별표 친 부분을 중심으로 다시 한번 훑어보자. 그리고 당장 실천할 수 있는 행동 목록을 만들자. 그리고 그 중 하나를 선택해서 지금 당장 실천하자. 프란시스 베이컨은 '아는 것이 힘'이라고 말했지만 그것은 옳은 말이 아니다. 아는 것은 행동으로 실천했을 때만 힘이 된다. 우리를 원하는 곳으로 데려다주는 것은 지식이 아니라 실천이다. 실천이란 현재의 이곳에서 원하는 그곳으로 건너가게 해주는 교량이다.

99퍼센트를 이해하지만 한 가지도 실천하지 않는 사람보다 1퍼센트밖에 이해하지 못해도 그걸 실천하는 사람이 원하는 곳에 더 먼저 도달한다. '내가 아니면 누가?' '지금 아니면 언제?' 라는 생각으로 한 번에 하나씩, 매일 매일 변화를 시도한다면 조만간 지금까지와는 완전히 다른 자신의 모습을 보게 될 것이다. 독자 여러분이 이 책을 통해 행동으로 달라진 자신의 모습을 볼 수 있게 되기를, 그로 인해 원하는 것을 더 많이 얻고, 더 풍요로운 삶을 살 수 있기를 간절히 소망한다.

먼내골에서
이민규

# 지금 하십시오

할 일이 생각나거든 지금 하십시오.
오늘은 맑지만 내일은 구름이 보일지도 모릅니다.

친절한 말 한마디가 생각나거든 지금 말하십시오.
사랑하는 사람이 언제까지 곁에 있지는 않습니다.

사랑의 말이 있다면 지금 하십시오.
사랑하는 사람이 당신 곁을 떠날 수 있습니다.

미소를 지으려면 지금 웃어주십시오.
당신이 주저하는 사이에 친구들이 떠날 수 있습니다.

불러야 할 노래가 있다면 지금 부르십시오.
노래 부르기엔 이미 늦을 수 있습니다.

— 작자 미상